乡村人才振兴理论
与实践研究

XIANGCUN RENCAI ZHENXING LILUN
YU SHIJIAN YANJIU

郭君平　曲　颂　著

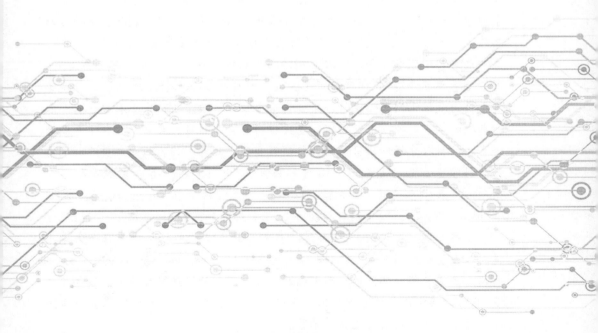

中国农业出版社
北　京

作者简介

　　郭君平　中国农业科学院农业经济与发展研究所研究员、博士生导师、院级"优秀青年英才"。近十年，围绕区域发展与减贫、乡村人才（农民培育）、农村土地制度改革、进城务工人员市民化等议题开展了系列研究，主持国家社会科学基金项目2项，农业农村部软科学项目、北京社会科学基金项目、北京社会科学界联合会青年社科人才资助项目、中国博士后科学基金项目等省部级项目5项，以及其他部委项目30余项；在《中国农村经济》、《农业经济问题》、《改革》、China Agricultural Economic Review、《经济学家》等专业核心期刊发表论文60余篇，其中一作论文40余篇，10余篇被新华文摘、社会科学文摘、人大复印报刊资料等转载；出版专著10余部；在《光明日报》《经济日报》《农民日报》等媒体发表时评40余篇；登记软件著作权7项，获得专利1项；获农业农村部软科学研究优秀成果奖、农业农村部中青年干部交流征文一等奖、周诚农业经济学奖二等奖（一等奖空缺）、《中国农村经济》年度优秀论文、《农业经济问题》年度十佳论文等10余项学术奖项。此外，多次参与农业农村部组织的"三农"调研、文件起草工作，主笔的30余份咨询报告获得省部级及以上领导肯定性批示。

　　曲颂　中国农业科学院农业经济与发展研究所副研究员、硕士生导师、所级"青年英才"。长期跟踪研究区域发展与减贫、农村土地制度、进城务工人员与城镇化问题。主持国家社科基金项目2项。主持中央农办、农业农村部软科学课题4项以及国家民委民族研究青年项目、北京社会科学界联合会青年社科人才资助项目等省部级项目2项。此外，作为核心成员参与国家社会科学基金重大项目、"948计划项目"、中国工程院高端智库项目等20余项。发表学术论文40余篇，以第一或通信作者在China Agricultural Economic Review、《中国农村经济》、《农业经济问题》、《改革》、《经济学家》等核心期刊发表论文30余篇，其中6篇文章被新华文摘、社会科学文摘、人大复印报刊资料等转载；在《农民日报》、光明网等媒体发表时评10余篇。出版专著9部，参与图书编写3部。主笔的咨询报告获省部级领导批示16份。获实用新型专利1项，登记软件著作权3项。获中国社会科学院优秀对策信息奖对策研究类三等奖。

乡村振兴，关键在人。乡村人才振兴是实现乡村振兴的重要保障、人才强国的内在要求以及共同富裕的必然要求。为深入贯彻落实习近平总书记关于推动乡村人才振兴的重要指示精神，助力各类人才向乡村一线汇聚，本书系统剖析了乡村人才振兴的政策形势背景、理论基础、政策变迁、国外经验、国内实践、瓶颈制约、实施重点、分类施策路径以及未来国家战略与省域行动，以飨读者或供有关部门决策参考。

第一章作为开篇，不仅梳理了乡村人才振兴战略提出的政策背景与形势背景，也阐释了乡村人才振兴战略的重要理论意义和现实意义，为全书奠定了基调。而第二章则通过梳理国内外相关研究文献，旨在全面了解学术界对乡村振兴内涵、乡村人才类型对象界定、人才在乡村振兴中的作用及重要性、乡村人才发展困境及其制约因素、乡村人才发展对策建议，以及马克思主义经典作家关于乡村人才相关思想等方面的研究状况、特点、贡献及不足之处。

第三章厘清和剖析了乡村人才的概念、分类及特征，解析了乡村人才振兴的理论来源、内涵与外延，阐明、揭示了乡村人才振兴的发展历程，如孕育萌芽阶段（1978—1999 年）、起步探索阶段（2000—2016 年）、形成深化阶段（2017 年至今）。此章为全书奠定了理论基础。

第四章介绍了日本、韩国、美国、德国等发达国家乡村人才振兴的经验做法，包括农民职业培训、资金支持、养老保险体系、定居创业支持等方面的举措，以及其为我们提供的有益启示。第五章则聚焦于国内，总结归纳了湖北、甘肃、重庆、山东、浙江及河北六个省份在乡村人才振兴方面的生动实践和成效。

然而，乡村人才振兴之路并非一帆风顺也面临着诸多挑战。第六章深入剖析了当前中国乡村人才振兴面临的主要瓶颈制约，包括政策制定与执行的不足、人才引进与培养机制不健全、人才评价与激励机制不完善，以及乡村治理体系与人才政策不匹配等不同层面的问题。

面对前述瓶颈制约，第七章提出了乡村人才振兴战略的实施重点，例如"引"人才方面变"方向迷茫"为"方向准确"，"育"人才方面变"人才匮乏"为"人才济济"，"留"人才方面变"点上改善"为"系统完善"，"用"人才方面变"单人经营"为"全员经营"，"塑"人才方面变"人心多向"为"上下同心"等，旨在明确未来前进的方向和抓手。第八章则进一步细化了乡村人才振兴分类施策的实现路径，具体包括农业生产经营人才队伍建设路径、农村二三产业发展人才队伍建设路径、乡村公共服务人才队伍建设路径、乡村治理人才队伍建设路径以及农业农村科技人才队伍建设路径。

第九章，提出未来国家战略与省域行动。一方面，基于国家战略导向视角，明确构建乡村人才振兴规划体系的指导思想、基本原则和总体要求；另一方面，基于省域贯彻落实视角，从培育壮大乡村人才队伍、拓展乡村人才来源渠道、加大政策扶持、强化组织保障等方面实施乡村人才振兴行动计划。

值此拙作付梓之际，特别感谢赫小兰、张华萍、吴硕、耿格菲等同志的辛苦付出。在本书的编撰过程中，笔者虽坚持"尽力而为"，但仍难免存在错漏或不足之处，恳请读者朋友们批评指正。未来，我们将以此书出版为契机，扎实推进以乡村人才振兴为主题的研究项目，为助力乡村振兴和建设人才强国贡献更多、更优质的研究成果。

著　者

2024 年 12 月

北京·海淀

CONTENTS 目　录

前言

第一章　背景与意义 ……………………………………………… 1
　　一、乡村人才振兴战略的提出背景 …………………………… 1
　　二、乡村人才振兴战略的重大意义 …………………………… 7

第二章　乡村人才振兴的文献综述 ……………………………… 10
　　一、国内研究现状 ……………………………………………… 10
　　二、国外研究现状 ……………………………………………… 14
　　三、文献述评 …………………………………………………… 17

第三章　乡村人才振兴的理论基础与政策变迁 ………………… 19
　　一、乡村人才的概念、分类及特征 …………………………… 19
　　二、乡村人才振兴的内涵与外延 ……………………………… 27
　　三、乡村人才振兴的发展历程 ………………………………… 29

第四章　国外乡村人才振兴的经验做法 ………………………… 34
　　一、日本经验 …………………………………………………… 34
　　二、韩国经验 …………………………………………………… 36
　　三、美国经验 …………………………………………………… 39
　　四、德国经验 …………………………………………………… 42
　　五、主要启示 …………………………………………………… 44

第五章　国内乡村人才振兴的地方实践 ………………………… 46
　　一、湖北省的创新实践 ………………………………………… 46
　　二、甘肃省的创新实践 ………………………………………… 48
　　三、重庆市的创新实践 ………………………………………… 50
　　四、山东省的创新实践 ………………………………………… 53
　　五、浙江省的创新实践 ………………………………………… 54

　　六、河北省的创新实践 ……………………………………………… 56

第六章　中国乡村人才振兴的瓶颈制约 …………………………… 59

　　一、乡村人才振兴政策制定与执行的不足 ……………………… 59

　　二、人才引进与培养机制不健全 ………………………………… 60

　　三、人才评价与激励机制不完善 ………………………………… 64

　　四、乡村治理体系与人才政策不匹配 …………………………… 66

第七章　乡村人才振兴战略的实施重点 …………………………… 68

　　一、"引"人才：变"方向迷茫"为"方向准确" ……………… 68

　　二、"育"人才：变"人才匮乏"为"人才济济" ……………… 70

　　三、"留"人才：变"点上改善"为"系统完善" ……………… 73

　　四、"用"人才：变"单人经营"为"全员经营" ……………… 75

　　五、"塑"人才：变"人心多向"为"上下同心" ……………… 76

第八章　乡村人才振兴分类施策的主要路径 ……………………… 78

　　一、农业生产经营人才队伍建设路径 …………………………… 78

　　二、农村二三产业发展人才队伍建设路径 ……………………… 81

　　三、乡村公共服务人才队伍建设路径 …………………………… 86

　　四、乡村治理人才队伍建设路径 ………………………………… 90

　　五、农业农村科技人才队伍建设路径 …………………………… 95

第九章　未来国家战略与省域行动 ………………………………… 100

　　一、国家战略导向：构建乡村人才振兴规划体系 ……………… 100

　　二、省域贯彻落实：实施乡村人才振兴行动计划 ……………… 101

主要参考文献 ……………………………………………………………… 107

附录：习近平总书记关于乡村人才振兴的重要论述（选摘）…………… 112

第一章

背景与意义

人才蔚则事业兴。人才振兴是乡村振兴的基础和关键，是实现农业现代化、农村繁荣和农民富裕的重要保障。在乡村振兴战略背景下，引导和培养懂农业、爱农村、爱农民的各类人才到广袤农村地区建功立业意义重大。

一、乡村人才振兴战略的提出背景

（一）政策背景

为实现全面建成小康社会、全面建成社会主义现代化强国这一宏伟目标，党的十九大首次作出实施乡村振兴战略的重大决策部署。实施乡村振兴战略，乡村人才是乡村振兴的关键一环，也是最强劲的动力。2018 年两会期间，习近平总书记指出要推动乡村产业振兴、人才振兴、文化振兴、生态振兴、组织振兴，并强调"乡村振兴，人才是关键"。要实现"产业兴旺、生态宜居、乡风文明、治理有效、生活富裕"的总要求，各方面发展都离不开人才发挥其至关重要的作用。因此，推进乡村全面振兴，要把人才资源开发放到首要位置，畅通智力、技术、管理等下乡通道，造就更多乡村人才。

党中央、国务院历来高度重视农村实用人才队伍建设工作，为培养一批服务新农村建设工作的乡村人才提供了有力的政策支持。2003 年，《中共中央国务院关于进一步加强人才工作的决定》明确提出要大力加强农村实用人才队伍建设。同年，第一次全国人才工作会议首次提出"农村实用人才"概念，即户口所在地属于农村，有一定的知识和技术，在当地起到示范带头作用，并得到周围群众认可的专业型劳动者。2007 年，中共中央办公厅、国务院办公厅专门印发《关于加强农村实用人才队伍建设和农村人力资源开发的意见》，对农村实用人才队伍建设进行了全面部署。2010 年，中共中央、国务院印发《国家中长期人才发展规划纲要（2010—2020 年）》，明确了农村实用人才队伍发展目标和主要举措。2011 年，中组部、人社部、农业部会同科技部、教育部制定下发的《农村实用人才和农业科技人才队伍建设中长期规划（2010—2020 年）》指出，要努力建设规模宏大、结构优化、布局合理、素质优良的农村实用人才和农业科技人才队伍。2018 年，中共中央、国务院发布的《实施乡村振兴战略的意见》强调，要加强农村专业人才队伍建设，发挥科技人才支撑作用，鼓励社会各界投身乡村建设，创新乡村人才培育引进使用机制，强化乡村振兴人才支撑。同年 9 月，为强化乡村振兴人才支撑，《乡村振兴战略规划（2018—2022 年）》明确要求，实行更加积极、更加开放、更加有效的人才政策，推动乡村人才振兴，让各类人才在农村能够大施所能、大展才华、大显身手。此外，乡村振兴人才支撑计划明确提出人才培养类别，具体包括乡土人才培育计划、乡村财政管理"双基"提升计划、"三区"人才支持计划、农业科研杰出人才计划和杰出青年农业科学家项目等。2021 年，中共中央办公厅、国务院办公厅印发的《关于加快推进乡村人才振兴的意见》指出，以习近平新时代中国特色社会主义思想为指导，坚持农业农村优先发展，坚持把乡村人力资本开发放在首要位置，大力培养本土人才，引导城市人才下乡，推动专业人才服务乡村，吸引各类人才在乡村振兴中建功立业。此后三年，中央一号文件均对乡村人才队伍建设提出了要求、作出了部署。2022—2023 年，中央一号文件均强调要加强乡村人才队伍建设。2024 年中央一号文件《中共中央　国务院关于学习运用"千村示范、万村整治"工程经验有力有效推进乡村全面振兴的意见》指出，要实施乡村振兴人才支持计划，加大乡村本土人才培养，壮大乡村人才队伍。

乡村人才振兴是中国在农业农村现代化发展过程中的一次重要探索，也是新时代背景下的必然选择。为推进乡村振兴各领域人才规模不断壮大、素质稳步提升、结构持续优化，形成各类人才支持服务乡村的基本格局。近年来，党和政府持续加大对乡村人才振兴的支持力度，推行了一系列针对性政策措施，致力于加快推进乡村人才振兴的目标任务和工作原则，充分体现了党和政府对乡村人才振兴的高度重视。

（二）形势背景

改革开放以来，中国乡村人才资源一直较为匮乏。党的十九大以来，在乡村振兴战略的宏观调控下，中国乡村人才队伍建设虽然取得了巨大进步，但也面临着许多突出问题，具体表现为实用人才数量不足、人才结构失衡、人才质量不高、人才管理服务机制不健全以及各类人才队伍有待统筹等。

1. 农村人口总量下降，实用人才数量严重不足　据国家统计年鉴数据显示，2010 年末，全国总人口数为 13.40 亿人，农村总人口数为 6.71 亿人，农村总人口占全国总人口的 50.1%。此后，农村人口数逐年减少，农村人口数占全国总人口比率也一直下降。截至 2023 年末，全国总人口数为 14.10 亿人，农村总人口数为 4.77 亿人，农村总人口占全国总人口的 33.8%。相比 2010 年，全国总人口数增加了 0.70 亿人，农村总人口数减少了 1.94 亿人，占全国总人口的比率下降了 16.3%。如图 1-1 所示。

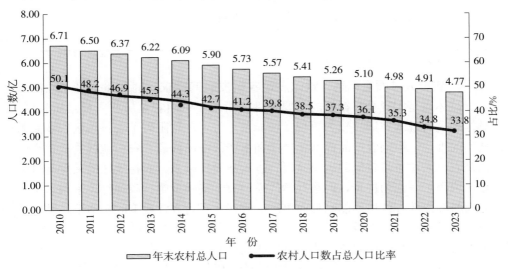

图 1-1　农村总人口数量及占比

数据来源：国家统计年鉴数据。

注：农村人口数指农村户数中的常住人口数。包括常住人口中外出的民工、工厂合同工及户口在家的在外学生，但不包括户口在家领取工资的国家职工。

　　农村实用人才作为推动中国现代农业发展和带领农民增收致富的重要力量。国家统计局数据显示，2010 年全国农村实用人才总量为 0.10 亿人，平均每万名农村人口拥有农村实用人才 104 人，平均每个行政村约 16 人。在中央精神指引和有关部委的积极推动下，各地相继制定农村实用人才发展规划，细化出台了农村实用人才队伍建设举措，为农村实用人才充分发挥作用搭建平台，大规模培养农村实用人才。中国农村实用人才数量和质量在过去十年有了显著突破，农村实用人才队伍服务农业农村建设取得了显著成效。但相对中国农村人口总数而言，农村实用人才数量依然较少。国家统计局数据显示，到 2020 年，全国农村实用人才总量约 0.23 亿人，占主体的高素质农民人口数超过 0.17 亿人。截至 2023 年，全国总人口数为 14.10 亿人，农村总人口数为 4.77 亿人，而农村实用人才总数只有 0.23 亿人，占比不到 5%。如表 1-1 所示。

表 1-1　农村实用人才总数

单位：亿人

项目	2010 年	2012 年	2014 年	2016 年	2018 年	2020 年	2022 年	2023 年
农村实用人才总数	0.10	0.11	0.13	0.19	0.20	0.23	0.17	0.23

（续）

项目	2010 年	2012 年	2014 年	2016 年	2018 年	2020 年	2022 年	2023 年
农村人口总数	6.71	6.37	6.09	5.73	5.41	5.10	4.91	4.77

数据来源：国家统计局公布数据。

2. 农村人才质量不高，难以满足农村发展的需求　高质量、高素质的人才支撑体系是实现乡村振兴的重要条件，而现今中国农业从业人员素质较低，具体表现为观念守旧、较为短视、技能单一等，严重阻碍了农村地区农业高新技术的推广，影响农产品标准化生产和生产效率的提高。农村地区受教育程度低是农村人才质量较低的主要原因。进入新时代以来，农村地区的教育与过去相比取得了一定的进步，但在办学规模、教学基础设施、教师整体素质水平等方面与城市教育依然不能同日而语。尽管在一系列方针政策的实施下，基础教育、农民教育、继续教育、农业技能专业化等教育培训的开展力度不断加大，中国农村人才和农村后备人才的质量明显有所提升，但总体来说农村人才还是存在质量不高的问题，高质量农村人才队伍仍然处于匮乏状态，且农村人才资源的专业素质与质量整体偏低，难以适应农村发展需求。《中国农村统计年鉴》数据统计（表 1－2），2013—2022 年，中国农村户主中具有初中及以下学历的普通型人才占比大，并且这类群体所学内容大多为基础性知识；具有高中和中专学历的技能型人才短缺，而具有大专及以上学历的创新型人才极其匮乏。

表 1－2　农村户主受教育程度占比

单位：%

年份	未上过学	小学	初中	高中和中专	大学专科	大学本科及以上
2013 年	4.7	32.2	51.0	10.7	1.2	0.2
2015 年	3.8	30.6	53.1	11.1	1.2	0.2
2020 年	3.4	32.3	51.3	11.2	1.6	0.2
2021 年	2.7	29.0	54.6	11.7	1.7	0.3
2022 年	2.7	28.7	54.9	11.6	1.8	0.3

3. 农村人才资源年龄结构失衡，难以驱动乡村人才振兴的推进　乡村人才振兴意味着各类乡村人才必须应有尽有、全面开花。要实现乡村人才振兴，多元化、多层次、全方面、科学合理的农村人才资源结构是不可或缺的。农村人才资源结构是乡村人才振兴的基础，只有人才资源结构科学合理，在乡村人才振兴工作中才能做到人尽其才，乡村人才振兴的道路才能取得事半功倍的效果。然而，中国农村人才资源在年龄结构上呈现不合理分布。随着农村青壮年劳动力流向城市务工，农村常住人口老龄化、空心化问题日益严重。第七次全

国人口普查数据显示（图 1-2），2020 年全国农村地区农民年龄主要集中在
40～69 岁，其中，19 岁及以下人数总计 1.18 亿人，占农村人力资源的
23.1%，20～39 岁人数总计 1.11 亿人，占农村人力资源的 21.9%，40～69
岁的人数总计 2.24 亿人，占农村人力资源的 44.0%，70 岁及以上的人数总计
0.56 亿人，占农村人力资源的 11.0%。农村老龄化数据和全国老龄化数据相
比（2019 年中国 60 周岁及以上人口占总人口的 18.1%，其中 65 周岁及以上
人口占总人口的 12.6%），由此可见，全国农村人力资源老龄化问题尤为突
出，参与农业生产、农村治理的人才资源存在年龄结构失衡的问题。

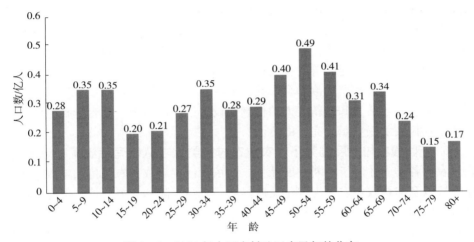

图 1-2 2020 年中国农村地区农民年龄分布

4. 人才留不住，农村人才管理服务机制有待完善 "水积而鱼聚，木茂
而鸟集"，农村人才集聚主要靠培养也要靠引进，如果说自主培养是"造血"，
引进人才则是"输血"，把更多人才资源、智慧资源、创新要素吸引到农村地
区。当前，中国农村地区不具备人才集聚的优势条件，又因改革不到位、保障
措施不足等原因，体制内农业农村管理服务人才队伍存在不稳定情况。一是力
量仍显不足，存在"小马拉大车"的情况。机构改革后，原经管体系和机构进
行精简，但与农村改革服务大量职责任务相比，人员不足问题较为突出，人才
队伍管理体系尚待进一步健全。农业综合行政执法人才队伍数量偏少且人员到
岗率低。此外，基层动植物疫病防控、质量安全监管等公共服务队伍也因机构
撤并导致力量弱化。二是队伍稳定性差，存在"不清楚谁来干"的情况。如在
综合执法人才队伍中，同一机构中执法人员身份不统一、同工不同酬等问题普
遍存在，行业管理与综合执法的分工不明确，部署监督抽检任务和重大执法任
务缺乏统筹，执法人员大多为事业单位工作人员，难以享受执法类公务员待
遇，办案业绩又不能作为职称评定依据，造成行政、事业"两不靠"困境，影

响执法人员工作积极性和队伍稳定性。三是专业能力不足，存在"不清楚怎么干"的情况。农村改革服务工作任务专业性强、涉及面广，但具有相关专业和工作背景的人员较为缺乏，尤其是宅基地管理、农村人居环境整治、农村改厕等领域的专业人才需求最为迫切；综合执法队伍要求通专结合、一专多能，但目前人员来自不同领域和专业，且缺乏专业培训，执法能力亟待提升；农业公共服务人员知识更新培训滞后，年龄偏大、能力不适应问题仍较为突出。四是保障诉求未充分满足，存在"后顾之忧"的情况。本课题组 2024 年调查问卷结果显示[①]，农业科技人才对乡村振兴工作表现出高度热情和期望，但在政策认知、工作环境及职业发展路径等方面，依然存在需求和顾虑。这些问题反映了个人选择与区域经济发展的深层次关联。离家近、具备归属感的地区受到多数受访者的青睐，同时他们期望齐全的配套设施、更高的薪资水平、改善住房条件、便利的交通、更完善的社会保障机制，以及诸如住房补贴和医疗保险等额外福利。此外，和谐融洽和合作共赢的乡村工作氛围、科研项目支持和资金资助、激发人才活力和创新能力的机制建设、创新研发平台和合作机会的设立等都是乡村人才振兴亟待完善的方面。

5. 新阶段农村发展局势下，农业农村各类人才队伍有待统筹　近年来，农业农村各类人才队伍不断发展壮大，为粮食连年丰收、农民持续增收、脱贫攻坚战以及加快农业农村现代化发展提供了坚强保障和有力支持。但与党中央决策部署和新阶段发展要求相比，乡村振兴工作中各类人才队伍建设过程中还存在一些困难和制约。一是与推动农业农村优先发展的要求相比，乡村人才振兴的实施手段还存在短板。农业农村领域人才队伍支持投入与城市工业等领域人才相比偏少，乡村振兴人才优先发展格局尚未形成。在实际基层工作中，农村工作说起来重要、干起来次要、忙起来不要的情况依然存在。农村工作涉及多个部门，还存在责任不清、职能交叉、力量分散的情况，有时各吹各的号、各弹各的调，难以真正形成合力。二是与实现农业科技自立自强要求相比，打造战略科技力量依然任重道远。农业科技领军人才偏少，截至 2021 年底，农业领域"两院"院士仅占总数 8%，国家杰青仅占总数 4.4%，新兴领域、交叉学科，尤其是"卡脖子"技术领域领军人才缺乏。人才区域分布不平衡，中西部、东北部等地区人才相对匮乏，现有"西部之光"等人才区域间交流政策辐射范围小，不能很好地满足科研和产业需求，在放开科研自主权、促进成果转化等人才激励政策方面从上到下越来越窄、越来越严，难以落地。农业领域研究周期长、见效慢，缺乏国家级人才培养项目予以长期稳定支持，近几年优

---

① 2024 年 5 月，中国农业科学院研究生院 400 位硕士研究生、博士研究生填写调查问卷，其中回收有效问卷 367 份。

秀人才流失的情况比较普遍。三是与加快农业现代化要求相比，新型经营服务主体带头人队伍还需发展壮大。由于缺少系统性、针对性教育培训，导致新型经营服务主体带头人生产经营水平不高、能力不足，生产经营继续做大、做强受到限制。此外，农业收入低，工作生活环境差，年轻人加入意愿不高，导致新型经营服务主体带头人队伍后备力量不足。四是与乡村治理能力现代化要求相比，农村基层组织负责人队伍仍显薄弱。农村基层组织负责人队伍结构有待优化，村"两委"人员存在"三多三少"的情况，低学历多、高学历少，年龄大的多、年纪轻的少，传统人才多、复合型人才少，村"两委"年轻接班人较为稀缺。农村基层组织负责人养老等社会保障体系缺失，基层工资主要依靠上级财政转移支付，没有集体收入的村集体村干部的工资收入较低。基层还存在村干部权力不大、责任不少、压力不小、天花板低、晋升机会少等问题。村级组织负责人难以进入基层干部人才选拔程序，公务员的招录指标很少，年轻人才通过考试或提拔进入乡镇工作难度大。

二、乡村人才振兴战略的重大意义

加强乡村人才振兴建设是实现乡村全面振兴的需要，也是促进中国现代化建设和中华民族伟大复兴的需要。加快乡村人才振兴建设，不仅有助于我们更好认识其重要性，系统把握其理论基础，也有助于进一步探寻乡村人才队伍建设的特点和规律。相对于高速发展的经济和日新月异的社会环境来说，中国的乡村人才发展明显有些滞后，无法满足农民在生活、生产上的需求。因此，中国发展乡村人才振兴具有重要的理论意义和现实意义。

（一）理论意义

乡村人才振兴战略是由中国首次提出的符合国情发展特色的独特理论，在新时代的乡村振兴和现代化进程中更具有非常重要的理论价值。人是生产力中最活跃的因素，开发人力资源、加强乡村人才队伍建设，是关系乡村振兴伟大事业的重大问题，在乡村振兴伟大事业中，人才问题已经被提升到国家战略层面来研究和部署。深入研究和探索乡村人才振兴，可以加强我们对乡村人才建设重要性的认识，有助于我们进一步探寻中国现代化进程中乡村人才建设的规律，也有助于为制定乡村人才培养政策提供理论指导，对于乡村人才相关政策的制定具有重要的理论参考价值。

1. 从马克思主义乡村发展视角来探索乡村人才振兴问题　中国推进乡村人才振兴，是新时代中国在实现"两个一百年"奋斗目标征程中进行的一项创新性探索实践，需要进行新的理论探索，以期系统全面认识推进乡村人才振兴的内在规律。马克思主义乡村发展思想本质上是在马克思主义社会发展理论的指导下对涉及政治学、经济学、社会学等多学科范畴的乡村人才建设进行跨学科研究。因此，进一步拓展研究乡村人才振兴的理论视域，有助于丰富马克思主义乡村发展思想的理论内涵和时代意蕴。

2. 探寻现代化进程中乡村人才振兴的规律，为中国实现乡村振兴助力 关于中国乡村人才建设的研究虽然众多，但很多研究着眼于乡村人才建设过程中遇到的瓶颈及对策建议，缺乏关于乡村人才振兴的成功实践案例方面的研究，本书对地区人才振兴方面的经验做法进行了深入研究，系统性总结了各地乡村人才振兴的成功路径。此外，本书有意深入探讨乡村人才振兴在动员各方面力量、调动各方面积极性，以及发挥政府引领作用、农民主体作用和社会参与力量等方面取得的成效，深入阐述如何更好地协调乡村人才发展，为中国深入研究乡村人才振兴提供一份参考资料。

3. 乡村人才振兴研究为世界其他地区提供乡村振兴的中国经验 由中国首次提出的符合国情的乡村人才振兴战略，是习近平新时代中国特色社会主义思想的科学体系的一部分，也是世界减贫与现代化理论的一部分。研究乡村人才振兴可以为世界其他国家尤其是广大发展中国家的乡村人才建设和乡村发展提供可靠的中国经验。

（二）现实意义

改革开放以来，随着中国工业化、城镇化进程进一步加快，农村的优质人力资源被源源不断地"虹吸"到城市。大量青壮年农村人口进城务工或经商，并逐步转变为落户成为市民，农村人才"空心化"的出现导致了城乡差距大、发展不均衡等问题，这也造成了中国农业农村现代化发展中最大的问题。为此，党的十九大提出实施乡村人才振兴，为实现中国农业农村现代化发展提供重要条件和强大推动力。

1. 乡村人才振兴是加快推进中国乡村振兴工作的关键因素 习近平总书记强调农村经济社会发展，说到底，关键在人。人才和人气是乡村振兴的基石，农村人才兴、人气旺能有序进行产业发展、文化建设、生态建设、组织建设等，有助于有效推进农村各项改革，有助于真正实现乡村全面振兴的目标。

2. 乡村人才振兴是满足中国现代农业发展对高素质人才的现实需要 美国经济学家舒尔茨（2002）通过对美国农业、农村发展问题进行长期研究发现，就对现代农业经济的贡献而言，农业从业人员的知识、技能等人力资本存量的提高远比物质资本和劳动力资本的增加重要。研究乡村人才振兴有助于进一步加强中国现代农业经济发展所需的高素质人才等农村人力资源开发。

3. 乡村人才振兴是促进城乡融合发展和实现农村共同富裕的重要路径
中国作为农业大国如期完成了脱贫攻坚目标任务，但贫困问题始终可能伴随着其复杂性和系统性发生，脱贫摘帽的成果无法保证一劳永逸，特别是在"三农"工作中返贫致贫风险仍然存在。因此，加快落实乡村人才振兴才有助于实现农民生活水平提标、提质的目的，有助于进一步推动乡村人才在巩固拓展脱贫攻坚成果过程中发挥作用。

4. 乡村人才振兴是推进国家治理体系和治理能力现代化的关键因素 要走好中国特色社会主义乡村善治之路，就要牢牢把握住"人"这个治理主体。持续深入推进乡村人才振兴，让乡村党员干部、本土能人、专家等人才来引领乡村有效治理，有助于激发各类人才作为农民群众治理主体的意识、提升乡村治理法治化水平、带头塑造乡村德治秩序等方面发挥应有作用，为不断健全完善自治、法治、德治相结合的乡村治理体系提供智力支撑。

第二章

乡村人才振兴的文献综述

乡村人才振兴作为乡村振兴战略的核心内容，近年来受到了中国学者的广泛关注和深入研究；然而，国外学者则聚焦于人才、人力资源等影响乡村发展的关键因素，并意图通过研究如何完善人才机制、加强人力资源管理来吸引或培养优秀人才投身乡村建设。

一、国内研究现状

已有文献对乡村振兴中"人才"问题的研究，主要集中在乡村人才的类型对象界定、乡村人才在乡村振兴中的作用及重要性、乡村人才发展困境及破解对策等方面，而基于乡村振兴战略实施对人才的需求，从"引、育、留、用、塑"一体化视角系统性提出乡村人才振兴的对策还缺乏深入探讨，致使乡村振兴战略的实施难以落到实处。

（一）关于乡村振兴内涵的研究

阐释乡村振兴战略的内涵是推进乡村振兴战略实施的基本前提，国内有关乡村振兴的研究非常丰富。乡村振兴需要走中国式城镇化与乡村振兴双轮驱动的发展之路，体现了城乡发展不是对立而是统一，是统筹兼顾可协调的发展。经济发展进入新常态阶段，城市基本设施建设放缓，农民工回潮趋势明显，出现大学生返乡热（张阳丽 等，2020），这些都为乡村人才振兴带来了新机遇。新时代乡村振兴是建设产业兴旺、生态宜居、乡风文明、治理有效、生活富裕的乡村，总体体现着乡村产业、人才、文化、生态、社会、组织等方面的振兴状态（郭晓鸣 等，2021），"新乡村"要有好的产业，要有好的治理，这也为乡村人才振兴到底要什么样的人才提出了要求。还有学者研究认为乡村振兴战略应从基本含义、总体要求、主要内容、关键举措以及主要目标五方面解析。其一，乡村振兴战略的基本含义包括战略主体、指导思想、工作新要求、历史任务等内容。其二，乡村振兴战略的总体要求要体现出乡村振兴战略的根本、基础、关键、保障与目标。其三，乡村振兴战略的主要内容涵盖了党对乡村振兴战略实施的关注与要求，推进乡村振兴战略实施的关键举措、具体举措等。

其四，乡村振兴战略的关键举措要健全城乡发展体制机制和政策体系。其五，乡村振兴战略的主要目标是实现农业农村现代化（廖彩荣 等，2020），这都为乡村人才振兴提出了具体要求。

（二）关于乡村人才的类型对象界定研究

实施乡村振兴战略要对其所需人才的类型和素质等内容进行研究分析。乡村振兴的"产业兴旺、生态宜居、乡风文明、治理有效、生活富裕"总要求为乡村人才建设指明了方向（蒲实和孙文营，2018），乡村振兴针对不同类型的人才，如科技人才、推广人才、管理人才、经营人才、技能人才等，应该有其独特的培养策略和路径，以充分发挥各类人才在乡村振兴中的作用（崔坤，2018）。从人才发展与乡村振兴之间的内在关系出发，不同类型人才在乡村振兴中的作用不同，在乡村人才机制建设中按照各类型人才的特征采取不同的措施，既要大力开发内生型人才，如当地的农业技术能手、乡村能人等，还要积极吸引外来人才，如农业科技推广专家、企业家等，共同服务乡村振兴（王富忠，2020）。在人才引擎的打造和"三农"工作队伍的培养过程中，要满足对具备专业技能和乡村情怀人才的需求（文茂群，2019），吸纳返乡就业、创业人员参与乡村振兴，并培养更多的乡村教师、医生等专业人才，以补齐人才短板（李博，2020）。

（三）关于人才在乡村振兴中的作用及重要性的研究

随着乡村振兴战略的实施，人才在其中的作用日益凸显，人才作为乡村振兴的引领性要素，具有融合性效果，是乡村振兴中不可或缺的关键力量（胡钰和赵平广，2022）。要把人力资本开发放在首要位置，畅通智力、技术、管理下乡通道，造就更多乡土人才，聚天下英才而用之（方中华，2019）。由于历史原因和城乡发展不平衡等问题，导致农村人力资本面临多重困境，而推动城市人力资本向农村流动是化解这一困境的重要途径（孙贺和马丽娟，2023）。乡村人才振兴不仅关乎人力资本的开发，还涉及城乡融合和农民主体性的激发，有学者从"人力资本—城乡融合—农民主体性"的三维分析框架和"能力—权力—动力"的三重机制要素出发，用于分析乡村人才振兴。他们认为通过提升乡村人才能力、保障乡村人才权利、激发乡村人才动力，可以实现乡村人才振兴的创新策略和推进路径（李海金和焦方杨，2021）。例如，基于陕西省元村的个案分析，发现乡村人才回流主要经历了"城归精英"返乡、关系型扩展和制度化吸纳三个阶段，其中"城归精英"在乡村人才振兴中扮演着重要角色。他们通过创业和产业发展，不仅能够带来人力资本的回流，还带来了经济资本和社会资本的回流，促进了乡村人口主体性的回归（李卓 等，2021）。

加大对以高素质农民为主导的农村实用人才的培育力度，在乡村人才振兴中推广驻村第一书记制度，加强基层党组织的建设，构建乡村贤能吸纳平台等（何阳和汤志伟，2019）。同时，发挥村"三委"①、村党员及青年的核心作用，激励各类人才在农村发挥作用对推进乡村振兴战略的高质量实施意义重大（高春华，2019）。面对乡村人才振兴的紧迫性和复杂性，除了明确人才选拔和培养的方向，还需要提升人才对乡村振兴的认同感和参与度。第一，农村实用人才对农民的带动作用最直接，是推动农业向专业、现代、社会化转变的生力军，建设社会主义新农村的关键是人才，特别是需要懂技术、有文化的高素质农村实用人才（刘艳婷，2020）。然而，面对农村实用人才队伍建设当前存在总量稀少、覆盖面窄、碎片式发展、人才储备不足、人才保障乏力等问题，高素质农民培育也成为促进乡村人才振兴的关键措施（于兴业和张迪，2023）。通过部门间协作、明确培育目标、完善培育内容和创新培育方式等手段，可以有效推进高素质农民培育工作，从而为乡村振兴提供有力的人才支撑，推动农业现代化发展（刘芙和高珍妮，2022）。第二，青年作为乡村人才振兴生力军，"三农"认同是青年投身乡村振兴事业的思想前提和保障。然而，当前青年"三农"认同薄弱，需要通过政策引领、教育夯实和实践激发等多种方式，提出增进青年"三农"认同的对策（隋牧蓉 等，2023）。对于青年人才如何有效嵌入乡村治理并提升治理能力，同时如何通过公共性调适来增强治理意愿，进而影响乡村振兴的绩效。有研究指出，青年人才的嵌入性和公共性对乡村振兴具有重要影响，二者的平衡与否决定了青年人才助推乡村振兴的效果（钟楚原和李华胤，2023）。还有学者通过"一村一名大学生"人才培养工程的实证分析发现，参与该工程的农民更有可能留在农村从事农业生产，从而提高了乡村振兴的效果（王佳伟 等，2022）。高校毕业生的返乡就业不仅为乡村经济注入了新的活力，还通过促进产业升级、科技创新和文化繁荣，为乡村经济的持续发展提供了强有力的支撑（郑直和孔令海，2024）。

（四）关于乡村人才发展困境及其制约因素的研究

由于收入差距、产业环境、传统观念等因素的制约（邱磊，2017），乡村大量年轻人向城市流入，而城市人才不愿进入乡村，导致乡村人才匮乏，成为乡村振兴战略实施的主要制约因素（周晓光，2019），乡村人才发展面临显著困境（齐素泓，2008）。除此之外，多位学者从不同角度揭示了当前面临的多方面制约因素，主要从以下方面展开讨论。第一，乡村人才存在人数较少、素质不高、结构不优、分布不均衡等发展问题，这在一定程度上制约了乡村发展

---

① 村"三委"指村党支部委员会、村民委员会、村务监督委员会。

的潜力（郭超妮和李艳，2022）。第二，人力资本短缺、乡村能人群体流失以及乡村人才培养机制的不完善，均对乡村人才的持续供给和培养构成了阻碍（罗俊波，2018）；农业科技型人力资本在宏观和微观层面的配置不足和效率问题直接影响了农业现代化的进程（罗英姿 等，2022）。第三，乡村劳动力市场不健全、教育培训体系不完善、人才激励机制不足等问题，这些都制约了乡村人才的发展（徐姗姗，2020）。第四，乡村人才引不来、留不下、培养难、用不好等问题，揭示了乡村人才管理的现实困境（张静宜和陈洁，2021）。第五，城乡二元户籍制度限制了人才的流动，而缺乏有效的激励机制和培训机制则制约了乡村人才的培养（王文强，2019）。第六，人才体制机制不完善、人才发展平台缺失、政府支持力度不足等，并提出了通过创新人才体制机制、构建人才发展平台、强化政府支持力度等措施来破除这些制约因素（关振国，2019）。这些研究为我们深入理解乡村人才振兴的复杂性和多样性提供了宝贵的视角，同时也为制定有效的政策和措施提供了重要参考。

（五）关于乡村人才发展对策建议的研究

为全面促进乡村人才振兴，学者们提出了一系列建议，主要围绕以下几点展开讨论。首先，优化环境来吸引和培养人才（文茂群，2019），建立以本土人才内部塑造与外部人才吸纳引进相结合的双重人才动力机制（高琦，2018）。通过定向引回人才、多方请进人才、分类培育人才、科学用好人才、环境留住人才等方式，可以改善乡村人才匮乏的现状（周晓光，2019）。其次，从职业教育的角度出发，提出了"1＋N"融合行动模式，回归服务"三农"的办学面向，通过增强"三农"人才的供给力度、丰富供给种类以及按需分类供给本土人才，同时建设"农业＋"专业群，培养"1＋N"人才复合素质（林克松和袁德梽，2020）。从人才发展战略的角度提出构想，包括树立乡村人才的整体发展观、探索乡村人才成长新模式、创办有利于乡村人才队伍建设的各类学校等（赵秀玲，2018）。再次，从体制机制创新的角度出发，提出了破除二元户籍制度、构建风险防控机制等对策（王文强，2019）。推广驻村第一书记制度、加强基层党组织建设等具体对策（何阳和汤志伟，2019）。必须着力培育本土人才，积极引进外来人才，不断创新人才评价机制，更好地激发"存量"潜能，发挥"增量"作用，释放人才"红利"（曹中秋，2019）。最后，对农业农村人才实行分类培养的策略，以充分发挥各类人才的作用（崔坤，2018）。围绕就地取才、多方聚才、实践育才及重用贤才等方面，培育乡村能人和"两委"干部人才（蒲实和孙文营，2018）。实施"一村一社工"和"社工驻村模式"、创新农村社会工作人才教育培养机制、借助信息科学技术提供远程培训与专业服务等，以加强农村社会工作人才队伍建设（卫小将和黄雨晴，

2022）。

二、国外研究现状

基于国外现有研究成果，国外学界对人力与人才相关内容进行了跨学科、多角度的学术研究，取得了相当丰富的理论成果，形成了其特有的研究风格。国外学界主要从经济学、管理学等学科，结合西方传统经济分析方法与管理学理论进行了研究创建了现代人力资本理论，在人力资源开发与整合、人才支撑体系、科技人才等方面进行了深入分析，取得了一定成果。但较为遗憾的是，国外学界对经典马克思主义关于人力开发与人才发展的思想并没有给予相应的重视与关注，使国外学界相关研究的完整性有待进一步提升。

（一）马克思主义经典作家关于乡村人才的相关思想

马克思、恩格斯等马克思主义经典作家的著作中有着大量对"人才"的论述，这体现了马克思主义经典作家对"乡村人才"问题的关注。在《1848 年至 1850 年的法兰西阶级斗争》中，马克思首次以"专门人才"提出人才词汇；人民群众是历史的创造者，人才来自人民群众中，这意味着每个人都有机会成为人才，但人才发挥创造性需要符合客观规律。由人的本质可知，人才具有社会性、创造性和发展性。人才的实践活动要促进人的发展和社会进步。马克思、恩格斯阐述了关于成才的方法论，即要通过不断地反复地认识和实践（马克思和恩格斯，2012）。此外，列宁也特别重视"乡村人才"的培养。列宁在任时期，在农村开展扫盲运动，加大农村教育投资，以此来提高农民的文化素质。他认为培养"乡村人才"既是社会发展的需要也是实现共产主义的需要。

（二）关于人力与人才理论的研究

20 世纪 50—60 年代，经过学者们的不断努力，现代人力资本理论在西方创立诞生，并在世界范围内产生了广泛而深刻的影响。美国经济学家舒尔茨和贝克尔对现代人力资本理论的创立发挥了基础性作用。舒尔茨在《教育的经济价值》《人力资本投资：教育和研究的作用》以及《人力投资：人口质量经济学》等著作中，围绕人力资本的内涵和属性、人力资本投资的内容与方式、人力资本的作用与价值等问题进行了集中阐释。舒尔茨（2002）指出，从 20 世纪初到 20 世纪中叶，在美国农业生产效率提升、产量增加的过程中，相对资本存量、土地或人口数量而言，人的技术水平和综合素质扮演着更重要的角色并发挥了更大的作用，相对于物质资本而言，人力资本对农业及经济的发展更为重要，并指出阻碍粮食产量增加的主要原因是人的素质和人力投入水平的低下。

人才支撑体系的研究涵盖了人力资源的人性假设、人力资源的发展规划、人力资源整合以及人才空间配置等内容。典型代表是"人力资源管理与适配"理论，该理论是由著名学者迈尔斯和斯诺（1978）总结得出，强调企业环境和企业发展战略与人力资源管理之间的关系为"双向适配的关系"，即人的发展是企业和人进行双向选择的过程，这种相互选择和适应的过程就是实现共赢的过程。关于公司企业的整合问题，彼得·德鲁克提出了"四项原则"理论，其中突出人力资源在整合中的首要地位和作用，认为只有成功整合好人力资源才能称之为成功的收购。美国学者帕蒂·汉森（2004）提出企业并购中的人力资源整合理论，其理论学说涵盖了人员留用政策、编制人员整合项目计划、制定人员整合薪酬福利策略等人力资源整合的相关内容。当今世界科技人才竞争形势严峻，所有国家无一例外都在研究和制定科学合理的人力资源开发政策，在世界范围内开展争夺科技人才大战，有竞争力的引进政策、宽进严出的培养政策、高额奖金的激励政策等均成为发达国家进行科技人才开发与管理创新之举。20世纪60年代以来，国际科技人才政策研究已经日益成为科学研究的一个重要领域，在英国、法国、美国、荷兰等西方发达国家均有专业化的研究队伍对科技人才政策进行专业化研究，并产出了丰硕研究成果。例如，美国学者库克（1950）以科技人才的创造力旺盛期的研究为主线，创立了"库克曲线"，从如何更好地发挥人的创造力的角度论证了员工流动的必要性。

（三）关于乡村发展的研究

日本学者松平守彦在大分县任知事时，力主开展"一村一品"运动促进日本乡村发展，同时系统研究了整个"一村一品"运动的发展过程、特点及影响。松平守彦（1985）认为振兴地方经济的基本战略在于要发展地方工业留住乡村青年人才，将建立高新产业助力改造农业，提高农业生产附加值，以此增加乡村青年就业机会并留住甚至吸引年轻人才。他还强调要注意培养农业继承人，并站在协调发展立场上增强地区建设与各种乡村组织间的协作性。田代洋一（2010）则关注日本农业发展，他认为日本农业关乎日本形象，并强调乡村骨干人才有利于日本农业的发展，并指出要培育多样的乡村骨干人才来支持乡村农业发展。关于什么是骨干，田代洋一认为能够专心于家庭经营的农业者即为一种骨干，从事农业生产的农户堪称农业骨干的原因是其要对地域农业承担一定社会性责任。因此，地方政府需要明确农业骨干的概念，重视提升农业者的社会地位。

法国学者孟德拉斯（2010）对乡村发展中农民这一群体角色与功能的变化有着深入的研究，他指出法国农民对自己作为农民的职业身份并不满意，并无力改变这种状况。没有选择性是农民生活的主要特征，当有选择可以不当农民时他们大多会离开乡村，离开乡村发展的农民也并不是因为掌握一技之长，而是因为农场没有给青年农民带来生活的新希望。而过了 30 岁的农民离开乡村的意愿明显降低，这一年龄段的农民已经习惯了与土地打交道，对乡村生活及农业生产有着情感上的牵绊与物质上的需要，同时也出于对农民自身能力不足的考量。马克·布洛赫（1991）在《法国农村史》中指出，法国乡村曾有过"份地"的概念，大体可分为自由"份地"、奴隶"份地"和解放奴"份地"，在同一个庄园内同类型"份地"是平等的。但是这种平等在细微之间却有很大的不平等隐患，如同样面积的土地之间肥沃程度却相差很大，通过"份地"的划分与确立，法国统治者更便于控制乡村发展与农民行动。而马克·布洛赫认为法国农业主要是以"份地"为基本经营模式，而家庭共同体却使"份地"走向简单农户的农业经营模式，其中，雇农们成为明显的受害者，而耕农们还在观望是否能从中获取利益，法国农业走向个体化趋势更加明显，这种变化显然不利于乡村人才的发挥，最终导致乡村人口的流失。

日本学者内山雅生（2001）深入研究了 20 世纪中国华北乡村社会经济发展状况。内山雅生从中国乡村的社会构造出发，以乡村共同体为主要轴心，总体上研究了中国乡村社会的变动与发展，通过研究中国华北地区乡村社会中传统社会关系的变迁历史，他认为中国市民社会的出现是使传统乡村社会共同体解体的主要原因。同时，内山雅生通过写实手法对中国传统乡村社会关系中的"打更""搭套"等行为进行了客观描述与分析，以此明晰了中国由地主阶级统治着的乡村社会的内部构造。内山雅生关于中国乡村经济社会发展的研究，主要关注了 20 世纪 90 年代中国乡村完全剩余劳动力如何在农业机械化的现代中发挥作用的问题。他认为中国乡村壮年男子劳动力在农业生产中的基准生产力作用被削弱，代之而起的是通过机械操作从事农业劳动的女子劳动力与老年劳动力，这意味着中国乡村人力资源的内部结构在现代科技发展中发生了较大变化。

美国学者明恩溥（2012）在《中国的乡村生活》一书中重点考察了中国乡村的社会结构、乡村礼仪习俗、乡村社会制度及乡村主要人物。其中，明恩溥在对中国乡村头面人物的刻画中，展现了中国村庄的自治传统，他认为中国乡村的管理看似是一种纯粹的民主，但其实是由村内少数人掌握着村庄的具体事务。村内的头面人物具体可划分为乡长、乡老或首事，他们主要承担着与官府相关、与村庄相关、与个人相关的事务。其中，第一种事务主要是协助地方官员管理土地与征收粮税；第二种事务主要是处理村内公共事务，如建筑围墙、看大门、管理村内集市、看管农作物等；第三种事务主要是处理村内人际关系，如处理家庭成员、村民间的情感利益纠纷。同时，明恩溥在研究中发现，中国乡村中的头面人物治理模式也存在一定弊端，他们也会因为偏袒个人私利而引起部分群众的不满与质疑。

美国学者黄宗智（2014）在研究长江三角洲的生态系统时，他认为由于长江三角洲特殊的地理环境，使得此地可以开展既不需要政府承担，又超越了乡村农户承受范围的一定规模的水利工程，正是这种特殊的水利工程，紧紧地将地方精英、农民和国家政权结合成了既富于变化又紧密联系的三角关系。同时，在农民与市场关系中的研究中，黄宗智研究了农民市场行为背后的原因，他认为农民进行买卖粮食和棉花的原因主要出于三点：一是为了向地主缴租，二是为了维持必要的生活开支，三是为了出售剩余农产品。黄宗智在《明清以来的乡村社会经济变迁》中，从长江三角洲的生态系统、商品化与家庭生产、经营式农业、农民与市场的关系、集体化时期的农业发展、农业发展中的资本主义与社会主义关系等方面，阐述了明清以来中国乡村社会经济的变迁历程。

三、文献述评

综上所述，乡村人才振兴理论作为中国首次提出的独特理论，是对马克思乡村人才思想与中国古代优秀传统文化的继承与发展，是马克思主义和中国具体国情的有机结合。党和国家十分重视乡村人才，并将乡村人才振兴视为发展和振兴乡村的关键。国内学界也对乡村振兴战略与乡村人才发展给予了高度关注，并开展了较为深入地研究。从党的十九大首次提出实施乡村振兴战略起，学界从不同学科领域、不同研究方法集中阐释了与乡村人才振兴相关的理论与实践问题，已初步形成了乡村人才振兴研究的学术话语体系。与此同时，囿于多种不同因素，仍存在些许研究的欠缺之处。

基于国内现有研究成果可以发现，关于乡村人才振兴的研究偏重于政策研读，从学理层面对乡村人才振兴的核心内涵进行规范性分析研究的为数不多，对在地方实践中如何推进乡村人才振兴实施的研究内容较少。学界认为乡村振兴战略与乡村人才发展是在社会主义新农村建设基础上的强化，以历史爬梳的方式阐述了二者在时间脉络上的顺承关系，但对于两者具体的差别之处的理论分析相对较少。学界关于乡村振兴实践成效评价指标及体系的构建缺乏深入研究，等等。而关于乡村人才发展研究，可以看出国内学者关于加强乡村人才队伍建设的迫切性问题已达成高度共识，并有针对性地提出了解决意见和对策，对今后相关研究具有一定借鉴意义，但基于动态视角分析，关于乡村人才发展的研究仍存有一定的短处。例如，相关高质量研究成果总量偏少，研究对象和研究内容等都存在过于统一的问题。研究方法上，系统性不强。乡村人才队伍建设问题是一个复杂的综合性课题，既需要研究和分析其理论层面的问题，也要重新设计和建构其策略。而相关研究缺乏系统性整合，研究方法和内容比较分散、单一，对该课题整体性、全面性、深入性研究不充分不透彻。

基于国外现有研究成果可以发现，国外并没有直接关于乡村人才振兴相关的研究成果，但国外部分国家和地区在进入 20 世纪中期后就已开展的诸多乡村建设实践中对人才发展问题给予了高度关注。国外学界对乡村发展相关内容进行了跨学科、多角度的学术研究，主要涉及社会学、文化学与历史学等领域，多采用实证研究方法，取得了相当丰富的理论成果，形成了其特有的研究风格。国外学界关于本国乡村发展的研究大多分布在农业现代化、农民日常生活与乡村发展史等宏观领域。关于中国乡村发展的研究，在研究方法上，多采用实证调研、个案分析的社会学研究方法。在研究内容上，主要涉及乡村经济社会共同体、乡村社会关系、乡村文化、乡村小农家庭经济等内容。但纵观国外学界相关研究，对乡村社会发展起关键作用的乡村人才资源缺少专门性研究。

第三章

乡村人才振兴的理论基础与政策变迁

　　乡村人才振兴理论并非短期内诞生的一种新型理念，也非毫无根由地出现，是以往学者在不断摸索、实践中进行的经验总结。概念界定是一切研究的起点。本章在探讨相关概念的基础上，梳理、剖析了乡村人才相关政策及变迁。

一、乡村人才的概念、分类及特征

（一）乡村人才的概念

　　乡村人才指具有一定工作能力、奉献精神和文化素质，能够为农村发展作出贡献的人员，在乡村振兴战略中发挥着重要作用，是全面实现乡村振兴的关键。党的十九大报告提出，要培养造就一支"懂农业、爱农村、爱农民"的"一懂两爱"工作队伍。懂农业、爱农村、爱农民成为乡村人才的显著特征。政策文件对乡村人才进行类型划分和分类研究，明确提出乡村人才依据其产生的实际效果能够划分为农村实用人才和农业科技人才，依据主体多元的视角包括农业生产经营人才、乡村公共服务人才、乡村治理人才、农业农村科技人才等。乡村人才学理阐释指对农业生产经营人才、农村二三产业发展人才、乡村公共服务人才、乡村治理人才、农业农村科技人才等，各类乡村生产、经营、管理、服务、发展、科技领域人才的统称。凡是根植于农村并且从事农业生产和为农民服务的"一懂两爱"人群都属于农业农村人才（崔坤，2018），并与乡村有紧密联系，愿意并能够为乡村建设作出贡献，对乡村振兴产生积极影响的，具有较高素质或人力资本（如生活阅历、乡土联结、技能水平、知识文化水平、思想道德素质、非正式权威等）的人。显然，"乡村人才"并不是在空间上界定人才的来源，而是强调人才价值发挥的领域。

（二）乡村人才的分类

　　1. 农业生产经营人才　农业生产经营人才指掌握一定的生产和经营能力，并且能够熟练地管理一定规模农业生产经营的人员。这类人才拥有一定的技术性知识、经营管理理念，能够通过自身所学，不断为乡村提供技术指导服务以及经营管理服务，在农村发展中起着带头作用，能高效调动农村可使用资源，推动经济发展。农业生产经营人才主要有两类，分别是乡村高素质农业生产人才和乡村经营人才。

（1）乡村高素质农业生产人才。乡村高素质农业生产人才指拥有爱农业、爱乡村的情怀，有文化且懂技术，在乡村农业发展中善于发现机会、敢于创新的人员，能够在乡村振兴战略中引领群众共同发展的农业生产人才。乡村高素质农业生产人才通常拥有规模经营的产业，在掌握农业生产技术的方面比较突出，通常是一些生产大户、规模户。

（2）乡村经营人才。乡村经营人才指新型经营主体，比如在家庭农场、农民专业合作社和农业企业等部门中从事经营管理的专业人员。乡村经营人才主要包括两类，分别是家庭农场经营者与农民合作社带头人。乡村经营人才具有以下特点：懂得相关的农业专业技术，为确保家庭农场和农民专业合作社的可持续发展，能够制订科学发展的计划，包括家庭农场、合作社未来的生产计划，与人、财、物各类资源的配置计划；乡村经营人才还需要掌握经营管理相关知识和市场规律，以此保证家庭农场和农民专业合作社的收益稳定和快速发展。

2. 农村二三产业发展人才　农村二三产业发展人才指能够通过各自不同的方式来实现产业创新，促进农村二三产业发展以及为乡村带来现实利益的人员。主要包括农村营销型人才、乡村工匠、农村创新创业人才等。农村二三产业发展人才不仅要推动农村二三产业各自发展，还要做到使两者融合发展，要以农村资源为依托，在做好做强农村二三产业的同时，将产业留在乡村，将农业产业增值收益与就业岗位留给农民。农村二三产业发展人才主要包括以下几类。

（1）农村营销型人才。农村营销型人才指以电子商务为手段，经营特色农产品，并为农村法律主体在就业、收入、社会福利等方面带来实际利益的人员，是带领农村产业发展的重要力量。他们拥有超前眼光及不服输的精神，大部分都接受过良好的教育，相比于其他乡村人才具有更丰富的管理经验，掌握更现代化的专业技术。农村营销型人才具有以下特点：主要以电子商务、市场营销为手段，开展相关的经营销售活动，面对复杂多变的市场，能够保持良好的学习习惯，紧跟时代的发展。

随着农村电商的兴起，营销型人才在乡村发展中扮演着越来越重要的角色。他们具备互联网营销和电子商务的专业知识和技能，是既掌握现代信息技术，又通晓现代商务贸易理论与实务的一种复合型人才。他们能够通过网络平台推广乡村产品和服务，对竞争对手和市场进行较好的分析，有效管理并调整自己的团队，及时应对市场出现的各种风险，扩大乡村产品的市场影响力。同时，他们还有较强的执行能力和决策能力，能够根据市场情况以及客户需求作出相应的决策并予以执行。培养农村营销型人才是构建现代农业产业体系、经营体系和生产体系的必要环节有助于提高农村数字化水平，提升农村电子商务化程度。

（2）乡村工匠。乡村工匠指在乡村地区成长生活且掌握一定的特殊技能的人员，他们是弘扬和继承乡村传统技艺的熟练技术人员，主要涉及乡村建筑、家电制造、农物服饰、民间文化等领域，乡村工匠都是典型的专业人才和实践人才。他们在输出当地文化的同时，打造当地特色品牌，指导特色产业发展和创办当地特色企业，引领乡村特色手工业的发展。他们能够在美丽乡村建设、引领实现技术致富、传统手工艺的传播等方面发挥积极作用。乡村工匠人才具有以下特点：成长于乡村，服务于乡村，拥有强烈的乡土情怀和工艺精神，肩负乡村技艺传承的重任。

（3）农业创新创业人才。即农村创业创新带头人，是带领乡村产业发展的重要力量，具有超前眼光和不服输的精神。他们大部分都接受过良好的教育，相比于其他乡村人才具有更丰富的管理经验，掌握更现代化的专业技术，能改善农村创业创新的环境，能够综合运用各种知识和技能，引导金融机构开发农村创业创新金融产品和服务方式，实现乡村企业的壮大，推动乡村产业创新和发展。他们不仅具备以上某一类或多类技能，还具备创新精神和市场意识。他们通常被称为"农创客""乡创客"等，是乡村人才振兴中不可或缺的力量。农村创新创业人才具有以下特点：农村创新创业带头人才包含了常年居住在乡村地区且融入乡村文化和环境中的农民，以返乡农民工、返乡大学生和返乡退役军人为主的返乡人员，以高校毕业生、科学技术人员、归国留学生、退役军人以及城市各类人才为主的城市入乡人员；农村创新创业带头人才一般乐于奉献，怀揣着对乡土的情怀返乡创业。

3. 乡村公共服务人才 乡村公共服务人才指乡村基层干部、乡村教师、乡村卫生健康人才、乡村文化旅游体育人才等与农民生产生活有关的人员。他们是乡村里具有一定知识、技术或管理能力，能够为乡村经济、科学技术、教育、卫生和文化等事业的发展提供专业、对口服务的人才。乡村公共服务人员是新农村建设的重要人力资源和社会主义新农村建设的主战力，在农村发展和服务中都发挥着不可替代的作用。

（1）乡村基层干部。乡村基层干部指在乡村执行党的政策，代表党和政府履行义务，并团结带领广大农民建设中国特色社会主义新农村的组织者和指挥员，是提高乡村文化素质的关键力量。乡村基层干部具有以下特点：作为没有纳入国家编制的干部，一方面要代表党和政府，另一方面又要代表农民群体。履行职责时要做到两头兼顾，乡村基层干部的工作除了复杂艰苦外，还具有非常明显的终端性；他们既是领导者，也是工作队员，依靠对党和人民的朴素情感在工作岗位上默默奉献。

（2）乡村教师。乡村教师指在乡镇中心学校一线和乡村小学、教学点、农业相关街道和农村学校（包括中小学、幼儿园、特殊教育学校和中等职业学校）开展教学活动的人员，包括正式教师、代课教师、特聘教师和其他非正式教师。乡村教师具有以下特点：热爱教师事业、乐观积极、守得住清贫、符合教师从教的所有标准和规定。同时，乡村教师对专业的要求普遍较高，倾向于全面发展，强化乡村教师人才培养有助于推动教育公平，促进农村教育发展。因此，必须强化乡村教师队伍建设，努力打造一支热爱乡村、数量充足、素质优良、充满活力的乡村教师队伍。

（3）乡村文旅体人才。乡村文旅体人才指具备与乡村文化、旅游、体育相关的知识和技能的人员，他们能达到相关行业从业的所有标准和规定。乡村文旅体人才自身具备良好沟通交流能力，能够管理和组织人文旅游活动、提供相关服务，他们在乡村有较好的适应性，熟悉乡村历史文化并能发挥出乡村资源优势。乡村旅游文化人才能够利用本地的旅游文化资源，打造相应的旅游文化产业，推进旅游文化方面的建设，开展乡村旅游文化宣传，保护文化旅游资源。

4. 乡村治理人才 乡村治理人才指在脱贫攻坚工作过程中的文化程度高、专业技术强、思想开放的人员，并且积极关注乡村、走进乡村、建设乡村，为打赢脱贫攻坚战贡献力量的各类人才。乡村治理人才是乡村基层治理的主干力量，这支队伍的强弱关乎乡村振兴战略的成果显著与否。他们充分发挥自身优势，在乡村产业发展、乡村治理等方面发挥了积极作用，为推动乡村振兴奠定了坚实的人才基础。乡村治理人才可以分为乡村党政人才、政府派驻乡村工作人才、农村经营管理人才等。

（1）乡村党政人才。乡村党政人才指在乡村基层组织中工作的公务员，能及时落实相应政策、有较高的思想道德素质、协调能力强、公平公正，热心服务群众。具有以下特点：是进行乡村治理的中坚力量，是国家"最后一公里"政策的执行者，是各级政府连接人民群众的桥梁，也是乡村人才队伍的领导者和管理者。

（2）政府派驻乡村工作人才。政府派驻乡村工作人才包括到村任职的各类人员，可以分为选调生、驻村第一书记、驻村工作队员等。政府派驻乡村工作人才具有以下特点：具有坚定的政治立场和较高的政治素质，能与党中央思想保持高度一致，能坚定贯彻党和国家政策，坚决服从组织的领导和指挥，具有较强的组织协调能力。虽然面临分管范围广、任务重、情况复杂、涉及面广以及涉及部门多等困难，但他们善于利用各种有利因素，根据实际情况，积极组织和协调各方面的关系，有良好的心理状态与扎实的工作作风。无论严寒酷暑，他们始终在工作中保持最好的精神状态，推行各个时期基层干部的实地工作。

（3）农村经营管理人才。农村经营管理人才具备乡村产业发展和管理的专业知识和技能，如龙头企业负责人、种粮大户、致富带头人、农业经理人等。他们通常具备较强的市场意识和管理能力，能够利用现代化管理知识，能够带领乡村产业发展，强化自身经营管理，将土地、资本技术等生产要素组织起来，为农村居民提供社会产品与生产经营管理服务，推动乡村经济繁荣。

乡村治理人才必须具备较高的执行能力、号召力、与时俱进的思想以及较强的责任心，对于乡村治理问题能够及时给出应对策略，并且能够带动村民积极参与。同时，乡村治理人才需要不断提升自身文化素质，了解先进的观念，不断适应现代农业发展的要求，充分利用自身人脉优势、信息优势和资源优势，在农村社会经济发展过程中发挥积极作用。

5. 农业农村科技人才　农业农村科技人才主要包括农业科技推广人员、科技特派员和农民科技人才。他们是中国农业科学技术从科研院所、涉农高校转移到农业生产的主要通道，进一步推动了农业科学理论技术转化为实际生产力，对现代农业发展和乡村振兴发挥着积极作用。

（1）农业科技推广人员。该类人才指在农业科技不断推进过程中，具备一定农业科技素养和农业技术理论知识，具备较强的组织、协调、沟通能力，能够为农户提供农业生产方面的理论支持和技术指导，同时还能提供技术咨询、技术培训、技术开发和信息获取等服务的人员。具备农业生产经营的实用技术和技能，如种植能手、养殖能手、加工能手等。他们凭借扎实的专业知识和技能，在农业生产、加工和流通等领域传授相关农业技能，在提升农业生产率的同时减少农民负担，在日常农业技术推广和知识传授过程中能逐渐优化农村从业者的思维模式，开阔其视野，提升其接受新事物的能力，调动其学习技术、参与生产的积极性。农业科技推广人员包括在各级政府的农业科技推广服务机构、农业技术私人组织、合作组织等各种机构中从事农业科技推广的科研人员、技术专家等。具有以下特点：具备一定的农业科技素养和农业技术理论知识，有较强的组织、协调、沟通能力，能作为农业技术顾问，提供技术培训、技术开发和信息获取等服务，为农户解答疑难困惑。

（2）科技特派员。该类人才是目前国家和地方政府根据乡村实际情况出发，按照一定标准，选拔出具有一定理论知识、专业技术、工作经验和指导方法、管理能力和科技专业实力的专家、教师、科研人员、医生等，将他们派驻到乡村一线，长期和农民一起劳作生活，与农民进行合作，服务农业发展，为"三农"奉献自我。科技特派员通常情况下分为省级科技特派员、市（地区）

级科技特派员、县级科技特派员。科技特派员具有以下特点：主要是青年和中年知识分子，如专家、教授、研究人员和医生等。他们不仅具备相关的专业理论知识和科学技术，同时还有着丰富的工作经验、科学的指导方法和突出的管理能力。他们深入乡村一线，与农民一起工作生活，服务农业发展。

（3）农民科技人才。该类人才指出生、生活在乡村，在乡村进行劳动和创造，并掌握相关农业专业知识或技能，能够在农业生产和农业经济发展中起到示范和引领作用，为群众所认可的乡村实用技术人才。他们具有很强的学科运用能力，能迅速地接受新知识并投入到实践中，能快速掌握市场需求、农业政策、专业技术，将相关专业知识运用到农业种植、生产加工和销售环节中。农民科技人才具有以下特点：都是普通地道的农民，既没有各种干部以及工人身份，也没有各种职称和职位等头衔，他们主要在乡镇及本村范围内，向农户科普、推广先进的农业科学技术，并不断开发应用新技术。他们通过带动、影响、指导农民学习农业生产知识和科学技术，使广大农民群众学会生产管理。农民们通过农民科技人才的示范引领，能够形成合力，产生巨大的社会效益。农民科技人才出于对原生地乡村环境和人文背景的熟悉和了解，能够在乡村生活中更加游刃有余，在农业生产中更加高效，其能力和技能能够较好地适配当地的社会经济发展需要。农民科技人才所拥有的技艺可能不是单纯的某一项技艺，而是多样技艺的集合。一位从事养殖的能手，他可能是生产经营专家，也可能是乡镇企业的管理人员。

总的来说，农业农村科技人才是推广转化农业科技成果、开展农业生产服务的"常规军"这支队伍强不强，直接关系到农业增效、农民增收，关系到乡村振兴战略的实施。他们是具有较高学历和较强专业技能的农业发展人才，他们也是农业从业人员的一部分，农村人才结构的优化需要更多有专业能力的农业农村科技人才。产业振兴离不开农业农村科技人员的支持，大力发展农业农村科技人才是推动传统农业转型升级的现实需要。

（三）乡村人才的特征

1. **地域分布层面的特征**　当前，中国人才分布呈现出显著的不均衡状态，具体表现为地域与类型上的双重差异。从地域分布来看，全国农村实用人才主要集中在中部和东部地区，尤以东部地区占比最高，中部地区紧随其后，而西部地区则相对较少，这种分布格局形成了鲜明的"横向梯度"。此外，人才类型在区域间也展现出明显差异，东部地区经营能手在农村实用人才中占据主导地位，而生产能手占比相对较低；相反，西部地区生产能手占比最高，经营能手则较为稀缺，这种差异可能与各地经济发展水平和产业结构的不同密切相关。进一步观察，城乡之间的人才布局同样失衡，农村人才持续向城市流动，加剧了城乡间人才资源的差距。在专业技术人才、本科学历人才及研究生学历人才等高层次人才方面，城市的集中度远高于农村，这一现象不仅映射出城乡发展的显著差距，也揭示了当前人才流动的主要趋势，即人才更倾向于向经济更发达、机会更丰富的城市地区聚集。

2. 工作任务层面的特征

（1）多元化技能。乡村人才需要掌握多元化的技能以适应乡村经济和社会发展的需求。这包括农业生产技能、手工艺技能、经营管理技能、市场营销技能等。他们不仅要能够从事农业生产，还需要能够参与农产品的加工、销售、品牌建设等环节中。

（2）创新创业精神。乡村人才需要具备创新创业的精神，能够积极探索新的农业生产方式、经营模式和销售渠道。他们应能够发现市场需求，利用本地资源进行创新，推动乡村产业的发展和升级。

（3）服务乡村社区。乡村人才需要积极参与乡村社区的建设和公共服务中，提高乡村居民的生活质量和幸福感。他们应能够关注乡村社会问题，为乡村居民提供教育、医疗、文化等方面的服务。

（4）传承与发展乡村文化。乡村人才需要承担起传承和发展乡村文化的责任。他们应能够弘扬乡村优秀传统文化，培养乡村文化人才，推动乡村文化的传承与创新，提升乡村社会文明程度。

（5）政策宣传与落实。乡村人才还需要承担政策宣传与落实的任务。他们需要了解并宣传国家有关乡村发展的政策法规，确保政策的有效落实，为乡村发展创造良好的政策环境。

3. 薪资待遇层面的特征

（1）薪资水平相对较低。与城镇单位相比，乡村单位就业人员的薪资水平普遍偏低。这主要是由于乡村地区的经济发展水平和产业结构所决定的。虽然近年来国家出台了一系列政策鼓励和支持乡村人才的发展，但薪资水平与城市相比仍然存在一定差距。

（2）薪资结构多样。乡村人才的薪资结构通常包括基本工资、绩效奖金、福利待遇等多个方面。其中，基本工资是薪资的主要组成部分，而绩效奖金则根据工作表现和业绩来评定。此外，一些乡村人才还可能享受到一定的福利待遇，如社会保险、住房公积金等。

（3）薪资水平与职务、职称挂钩。在乡村地区，薪资水平往往与个人的职务、职称等因素密切相关。一般来说，担任更高职务或拥有更高职称的乡村人才，其薪资水平也会相应提高。这有助于激励乡村人才积极提升自己的专业能力和职业水平。

（4）薪资增长缓慢。由于乡村地区经济发展相对滞后，薪资增长速度也相对较慢。这使得乡村人才在薪资方面的增长空间有限，需付出更多努力和时间来提高薪资水平。

（5）薪资水平与地区经济发展水平相关。不同地区的乡村人才薪资水平也存在差异，一些经济发达的乡村地区，其薪资水平相对较高，而一些经济欠发达的乡村地区，其薪资水平则相对较低，这反映了地区经济发展水平对乡村人才薪资水平的影响。

4. 能力素质层面的特征　乡村人才通常具备与农业、农村发展紧密相关的专业技能，如种植、养殖、农产品加工等。他们不仅掌握理论知识，更重要的是具备将这些知识应用于实际生产中的能力，能够解决农业生产中的实际问题。面对乡村发展的多元化需求，乡村人才需要具备创新思维和适应能力。他们能够根据市场需求和乡村资源条件，开发新产品、新技术，推动乡村产业转型升级。同时，他们还需要适应不断变化的农村环境，灵活应对各种挑战。乡村人才在推动乡村发展中，往往需要组织和协调各方资源，包括农民、企业、政府等。因此，他们需要具备出色的组织和协调能力，能够调动各方积极性，形成合力推动乡村发展。乡村发展是一个动态的过程，乡村人才需要不断学习新知识、新技能，以适应不断变化的形势。他们通常具备较强的学习能力和自我提升意识，能够不断提升自身能力素质，为乡村发展贡献更多力量。

5. 价值地位层面的特征　乡村人才通过引进先进的农业技术、推广科学的农业管理模式、打造农产品品牌等方式，推动农村经济的发展。乡村人才是农业产业升级、农村产业结构调整的重要推动者，对于提高农业产值和农村经济效益具有不可替代的作用。乡村治理需要一批有管理能力和领导力的人才来推动，在乡村规划、公共基础设施建设、环境治理等方面发挥作用，他们通过提升乡村治理水平，推动乡村社会的和谐稳定。乡村人才也是乡村文化传承和创新的引领者，他们通过保护和传承乡村文化，增强乡村文化的吸引力和竞争力。乡村人才是农村社会进步的推动者，他们通过科学技术的应用和知识的普及来促进农村教育、文化、卫生等社会事业的发展，从而提高农民的文化素质和生活水平。乡村人才还能够通过创新创业，推动农村产业结构的升级和优化，提高农业生产效率和农产品附加值。

乡村人才通常对本地资源、文化、环境等有着深刻的理解和认识，他们能够有效地挖掘和利用这些本土资源，推动乡村特色产业的发展和壮大。乡村人才还能够结合本地实际情况，制定切实可行的发展策略，促进乡村经济的可持续发展。乡村人才在城乡融合中发挥着重要作用，他们通过促进城乡之间的交流和互动，推动城乡资源的优化配置和互利共赢。乡村人才还能够将城市的先进理念、技术和管理经验引入乡村，推动乡村产业的现代化和升级。

6. 情怀信念层面的特征　乡村人才往往对乡村有着深厚的感情和归属感，

他们"生于斯、长于斯",对乡村的自然环境、风土人情、历史文化等有着深厚的感情。这种乡土情结促使他们愿意为乡村的繁荣发展贡献自己的力量,成为乡村振兴的重要推动者。乡村人才通常具备坚定的信念和使命感,他们深知乡村振兴的重要性和紧迫性,愿意为之付出努力。他们坚信通过自己的努力可以推动乡村的发展,提高农民的生活水平,实现乡村的繁荣和振兴,这种信念和使命感是乡村人才不断前进的动力源泉。乡村人才在乡村振兴过程中,往往需要面对各种困难和挑战,但他们通常具备勇于担当和奉献的精神,愿意承担起责任,为乡村的发展贡献自己的力量。他们不计个人得失,全身心投入乡村振兴的事业中,用实际行动来诠释对乡村的热爱和忠诚。

乡村人才通常注重乡村的可持续发展,既关注当前经济利益,更注重乡村的生态、文化、社会等多方面的平衡发展。他们深知乡村的可持续发展对农民和乡村的未来至关重要,因此会多措并举推动乡村各方面协调发展。此外,乡村人才深知传统文化是乡村的根基和灵魂,需要得到保护和传承。但同时,他们也认识到只有不断创新和发展,才能推动乡村的现代化进程。因此,他们会积极引进新的理念、技术和管理模式,推动乡村产业升级转型。

二、乡村人才振兴的内涵与外延

(一) 乡村人才振兴的理论来源

早在春秋战国时期,各国就认识到了人才的重要性,发展为"门客文化"。很多春秋战国故事的主人公如烛之武、荆轲、介子推等都是以贵族门客的身份出现的。著名改革家管仲和商鞅都十分重视人才的作用,管仲认为争夺天下必须广聚天下有才之士,商鞅则强调"唯军功,唯人才",重视人才的主张也是他们变法成功的重要原因。魏晋南北朝时期,中国实行察举制,通过地方层层选荐的方式,将有才华且具有优良品德的人推荐出来进行任用,形成了德才兼备的选拔标准。

此外,新中国历届领导人对乡村人才的相关重要论述也是乡村人才振兴的重要理论来源。例如,毛泽东(1991)提出要对农民进行教育以提升和改造农民;邓小平(1994)指出要重视知识和知识分子,强调要让人才深入实际和工农群众相结合,强调人才对于农业农村发展的重要作用;江泽民(2006)提出人才资源是第一资源的思想,提出"尊重劳动、尊重知识、尊重人才、尊重创造"的人才环境建设的基本方针;胡锦涛(2016)强调培养农村实用型带头人和农村生产经营型人才,充分开发农村的人才资源;习近平总书记强调人才振兴是乡村振兴的基础,要激励各类人才在农村广阔天地大施所能、大展才华、大显身手,打造一支强大的乡村振兴人才队伍;等等。

（二）乡村人才振兴的内涵

乡村人才振兴指在乡村振兴过程中通过优化人才结构、提升人才素质，积极培养和吸引具备专业技能、创新思维和奉献精神的人才。乡村人才振兴强调人才是乡村发展的核心驱动力，只有建立一支高素质、多元化的乡村人才队伍，才能有效推动乡村产业转型升级、生态环境改善和乡村治理现代化。乡村人才振兴有助于构建具有中国特色的乡村人才发展体系，为实现乡村振兴战略目标提供坚实的人才保障。乡村人才为乡村振兴提供智力支撑，可以激发乡村发展的内生动力，推动乡村经济多元化发展，提高乡村居民的生活水平和幸福感。

乡村人才振兴不仅关注农业生产领域的人才，还包括乡村旅游、农村电商、乡村教育、医疗卫生等多个方面的人才。乡村人才依据其产生的实际效果能够划分为农村实用人才和农业科技人才；依据主体多元的视角包括农业生产经营人才、乡村公共服务人才、乡村治理人才、农业农村科技人才等。懂农业、爱农村、爱农民成为乡村人才的显著特征，乡村人才具有工作能力、奉献精神和文化素质，在乡村各个发展领域中有一定专长，具有一定致富带动能力。他们通过推动产业发展、提升治理效能、丰富文化内涵等方式，能够为农村发展作出贡献，以促进乡村地区的经济繁荣、社会进步和文化复兴。

（三）乡村人才振兴的外延

乡村人才振兴的外延涵盖了人才的广泛引入与布局、人才政策的优化与创新、人才与产业的深度融合以及人才生态环境的营造等多个方面。这些方面的共同努力和推进，将有助于实现乡村的全面振兴和发展。

人才的广泛引入与布局包括从外部积极引进各类优秀人才，如规划设计师、农业技术员、市场营销专家等，他们能为乡村振兴提供专业化的指导和支持。同时，也要注重从内部挖掘和培养人才，比如鼓励和支持当地的青年农民通过学习和实践提升自身技能，成为推动乡村振兴的重要力量。这种全方位人才引入与布局旨在构建一支多元化、专业化的人才队伍。

人才政策的优化与创新是在人才引进之后，关于如何留住人才并使他们能够充分发挥作用，是乡村人才振兴外延的另一个重要方面。这涉及政策环境的优化、激励机制的创新以及服务体系的完善等多个层面。通过制定更加灵活、具有吸引力的人才政策，可以激发人才的创新活力和创造潜能，为乡村振兴注入持续动力。

实现人才与产业的深度融合也是乡村人才振兴的关键环节。这意味着要将人才资源有针对性地配置到乡村发展的重点领域和优势产业上，推动人才链、产业链和创新链的有机衔接。通过人才的引领和带动作用，可以促进乡村产业的转型升级和高质量发展，进一步提升乡村经济的竞争力和可持续发展能力。

人才生态环境的营造指除了硬件条件和政策环境外，还包括提升乡村的文化软实力、加强乡村治理体系建设、完善公共服务功能等方面。一个宜居宜业的乡村环境能够增强对人才的吸引力，让更多的人才愿意来到乡村、留在乡村，并为乡村振兴贡献自己的力量。

三、乡村人才振兴的发展历程

（一）乡村人才振兴的孕育萌芽阶段（1978—1999 年）

改革开放初期，中国乡村发展面临人才短缺与技术滞后的双重挑战。为破解这一困局，国家采取双轨并行的策略：对内着力培育本土人才，通过农村职业教育与成人教育体系提升劳动者素质；对外积极引进智力资源，动员城市知识分子与科技人员下乡支农。同时，配套实施返乡创业激励政策，形成人才"培养—引进—回流"的良性循环机制。

早在 1978 年，全国科学大会召开，邓小平重申"科学技术是生产力""知识分子是工人阶级的一部分"的观点，为科技发展和人才政策带来全面复苏。而同年党的十一届三中全会召开，标志着中国进入以经济建设为中心的改革开放新时期，人才政策也进入新的历史阶段。1981 年，国务院发布《关于实行专业技术职务聘任制度的规定》，开始实行专业技术职务聘任制，为科技人才提供明确的职业发展路径。1985 年，中共中央发布《关于教育体制改革的决定》，提出改革教育体制，加强高等教育和职业教育，以适应经济建设和社会发展的需要。1988 年，国务院发布《关于深化科技体制改革若干问题的决定》，进一步明确了科技体制改革的目标和任务，强调发挥科技人才的积极性和创造性。1989 年，中共中央发布《关于进一步加强和改进知识分子工作的通知》，强调知识分子在社会主义现代化建设中的重要作用，要求各级党委和政府切实关心、爱护、尊重和信任知识分子。1993 年，中共十四届三中全会通过《中共中央关于建立社会主义市场经济体制若干问题的决定》，首次明确提出劳动力市场的概念，为人才市场的进一步发展提供了重要的理论基础和政策指导。1994 年，国家人事部下发规定，解决了档案、人事关系、人才市场的经营体制等计划经济体制下制度如何与市场对接的实质性难题，为人才市场的进一步发展奠定了基础。1997—1998 年，国企大量人员下岗进入就业市场，使人才市场进一步被激活，同时也促进了城乡人才流动的加速。

这一阶段，乡村人才振兴工作虽然取得了一定成效，但由于历史原因和体制机制的限制，仍然存在诸多问题。例如，农村教育资源匮乏，人才培养质量不高；乡村人才流失严重，难以吸引和留住人才；乡村产业发展滞后，人才作用难以充分发挥，等等。

（二）乡村人才振兴的起步探索阶段（2000—2016 年）

进入 21 世纪后，中国乡村人才工作逐步推进。国家加大了对乡村教育的投入力度，提高了农村教育的普及率和质量。同时，加强了对乡村人才的培训和引导，鼓励他们投身乡村建设和发展。此外，国家还出台了一系列政策措施，鼓励和支持城市人才到乡村创业就业，为乡村发展注入新的活力。

2001 年，《国家中长期科学和技术发展规划纲要（2006—2020 年）》开始制定，其中强调了人才在科技创新中的核心作用。中共中央、国务院发布《关于进一步加强人才工作的决定》，提出了"人才强国"战略，明确了人才工作的指导方针、目标任务和政策措施。2002 年，国务院办公厅转发国务院体改办等部门《关于深化转制科研机构产权制度改革若干意见的通知》，对转制科研机构的人才激励和产权改革提供了指导。2004 年，《教育部等七部门关于进一步加强职业教育工作的若干意见》发布，强调了职业教育在人才培养中的重要地位。2006 年，《国家中长期科学和技术发展规划纲要（2006—2020 年）》正式发布，其中明确提出了实施人才、专利和技术标准三大战略，并强调了高层次创新型科技人才队伍建设。中共中央办公厅、国务院办公厅印发《关于进一步加强高技能人才工作的意见》，明确了高技能人才培养的目标任务和政策措施。2010 年，中共中央、国务院发布《国家中长期人才发展规划纲要（2010—2020 年）》，这是中国第一个中长期人才发展规划，明确了人才发展的指导思想、战略目标、重点任务和重大政策举措。2000—2011 年乡村人才工作取得了显著成效。农村教育水平显著提高，培养了大量有文化、懂技术、会经营的新型农民；乡村人才队伍不断壮大，涌现出一批优秀的乡村企业家、技术能手和致富带头人；乡村产业发展迅速，人才作用得到充分发挥。然而，此阶段也面临着一些挑战。例如，城乡发展不平衡、收入差距扩大等问题依然突出；乡村人才结构不合理，缺乏高层次、复合型人才；乡村人才服务体系不完善，难以满足人才发展的多样化需求等。

党的十八大以来，乡村人才工作得到进一步加强和推进。国家出台了一系列政策措施，为乡村人才发展提供了有力保障。首先，加强乡村教育体系建设。国家加大了对乡村教育的投入力度，改善了农村学校的教学设施和条件；同时，加强了对农村教师的培训和引进力度，提高了农村教育的质量和水平。其次，完善乡村人才服务体系。国家建立了乡村人才信息库和人才服务平台，为乡村人才提供全方位、多层次的服务；同时，加强了对乡村人才的评价和激励机制建设，激发了人才的创造活力。再次，鼓励和支持乡村人才创新创业。国家出台了一系列优惠政策措施，鼓励和支持乡村人才创新创业；加强了对乡村产业的扶持和引导力度，为乡村人才提供了更广阔的发展空间。最后，加强城乡人才交流与合作。国家鼓励城市人才到乡村创业就业、开展科技支农等活动；同时，也支持乡村人才到城市学习交流、参与城市建设等活动。这种城乡人才互动的模式不仅为乡村发展注入了新的活力也促进了城乡之间的融合发展。

2011—2015 年，人才政策持续深化，国家继续改革人才发展体制机制，完善人才培养、引进、使用、评价、激励等各环节的政策措施。其中，2012 年，中共中央、国务院印发《关于深化科技体制改革加快国家创新体系建设的意见》，提出了深化科技体制改革、加快国家创新体系建设的目标和任务，包括加强科技创新人才队伍建设、优化科技创新环境等。2016 年，中共中央办公厅、国务院办公厅印发《关于深化职称制度改革的意见》，旨在完善职称评价标准，拓展职称评价范围，激发专业技术人才的创新创造活力。

（三）乡村人才振兴的形成深化阶段（2017 年至今）

2017 年，习近平总书记在党的十九大报告中首次提出实施乡村振兴战略，标志着我国乡村发展进入新阶段。2018 年，习近平总书记在参加山东代表团审议时，进一步明确了乡村振兴战略的五大实施路径，即产业振兴、人才振兴、文化振兴、生态振兴和组织振兴。其中，人才振兴作为关键纽带，通过提供智力支持、技术创新和组织活力，对产业升级的深度、生态治理的精度、文化传承的厚度以及组织运行的效度起着决定性作用。为落实这一战略，2021 年中共中央办公厅、国务院办公厅联合印发《关于加快推进乡村人才振兴的意见》，系统性地提出了乡村人才工作的总体要求：以乡村人力资本开发为首要任务，通过培养本土人才、引导城市人才下乡、推动专业人才服务乡村等多措并举，建立健全人才工作体制机制，强化保障措施，着力打造一支懂农业、爱农村、爱农民的"三农"工作队伍。随着乡村振兴战略的深入推进，2023 年出台的《关于进一步加强青年科技人才培养和使用的若干措施》，聚焦青年科技人才成长，提出加强培养、优化环境、完善激励等政策措施，为乡村科技人才队伍建设注入新动能。2024 年，《中共中央 国务院关于实施就业优先战略促进高质量充分就业的意见》进一步从就业角度为乡村人才振兴提供政策支撑，通过 24 条具体举措促进就业质量与规模同步提升。这一系列政策文件的出台，构建了系统完备的乡村人才振兴政策体系，为乡村振兴战略的全面实施提供了坚实的人才保障和智力支持。表 3－1 是不同省份关于乡村人才振兴的政策文件。

表 3 - 1　不同省份关于乡村人才振兴的政策文件

省份	文件名	总体目标或关键内容	发文机构	发文日期
上海	《关于进一步加快推进本市乡村人才振兴的实施意见》	构建以百名科技、产业、改革型人才为引领，以千名乡村发展、建设、治理型人才为主体，以万名技术、技能、服务型人才为基础的乡村人才梯队。到2030年，基本建成一支总量稳定、结构合理、素质优良、作用突出的乡村人才队伍，为本市走出一条城乡融合发展的新路子提供人才支撑	上海市农业农村委员会、上海市人才工作局和上海市财政局	2024 年
重庆	《重庆市乡村人才振兴行动实施方案(2025—2030 年)》	到2027年，全市新增引育乡村振兴各类人才10万人以上，乡村人才振兴政策、项目、评价体系基本形成，各类人才支持服务乡村制度日益完善，乡村人才初步满足基本需要。到2030年，全市新增引育乡村振兴各类人才20万人以上，乡村人才振兴各项工作措施落地见效，基本建成一支数量充足、结构合理、分布科学、素质优良的乡村人才队伍	重庆市人力资源和社会保障局等19个部门	2025 年
宁夏	《固原市加快推进乡村人才振兴的实施方案》	深化乡村人才培养、引进、管理、使用、流动、激励等制度改革，激励各类人才在乡村广阔天地大展才华。到2027年，乡村人才振兴制度框架和政策体系基本形成，育才、引才、管才、用才、留才体制机制逐步完善，乡村振兴各领域人才规模不断壮大、素质稳步提升、结构持续优化，粮食和"五特"产业乡村人才初步满足实施乡村振兴战略基本需要，乡村人才总量达到8.5万人	固原市农业农村局	2023 年
安徽	《关于加快推进乡村人才振兴的实施意见》	加快培养农业生产经营、农村二三产业发展、乡村公共服务、乡村治理、农业农村科技"五类人才"，大力开展农业农村领域招才引智，实行更加积极、开放、有效的人才政策，吸引促进各类人才投身乡村建设，建设一支强大的乡村振兴人才队伍，为打造乡村全面振兴安徽样板提供有力人才支撑。到2025年，全省基本构建起乡村人才振兴的政策框架，基本建立起数量充足、结构合理、素质优良的乡村人才队伍，初步满足实施乡村振兴战略基本需要	中共安徽省委办公厅和安徽省人民政府办公厅	2021 年

（续）

省份	文件名	总体目标或关键内容	发文机构	发文日期
江苏	《关于加快推进乡村人才振兴的实施意见》	各地各部门要把乡村人力资本开发放在重要位置，实行更加积极、开放、有效的人才政策，全面培养与分类施策相结合，广招英才与高效用才相结合，突出当前与注重长远相结合，政策激励与建立培养机制相结合，持续提升乡村人才质量，健全长效机制，促进各类人才"上山下乡"投身乡村振兴，壮大乡村人才队伍，为全面加快乡村振兴、率先实现农业农村现代化提供有力人才支撑	中共江苏省委办公厅	2021 年

注：不完全整理。

第四章

国外乡村人才振兴的经验做法

当前，中国农村地区在人才规模和综合素质方面，仍与乡村振兴的迫切需求存在较大差距。那么，如何破解这一难题？"他山之石，可以攻玉"。国际上的成功经验可为中国提供借鉴参考。通过分析日本、韩国、美国、德国等国的乡村人才振兴策略及实施效果，可发现其政策成功的共性与差异性因素，以及这些策略在不同经济文化背景下的适应性与可转移性。

一、日本经验

日本始终将法律体系的完善、农民职业教育培训体系的构建以及激励政策的出台作为农业人才振兴的重要支撑。一方面，日本政府通过颁布一系列法律规章提升农业生产效率和农民技能。在农民职业培训方面，文部科学省和农林水产省两大部门共同发力，通过多样化的教育和培训项目，提高了农民的专业技能和组织化程度。另一方面，日本政府还通过资金支持、养老保险体系建立以及特有的研修制度等措施，吸引了更多人才投身农业，为农业现代化提供了坚实的人才保障。这一系列举措共同构成了日本农业现代化发展的坚实基础，也为其他国家提供了宝贵的借鉴经验。

（一）制定完善的法律体系

为恢复和提升农业生产，日本政府颁布了一系列法律和规章，旨在培养农民的生产技能并提高农业生产效率。1947 年，《农业协同组合法》的实施通过建立农协，提高了农民的组织化程度。1948 年，推出的《农业改良普及法》旨在建立农业改良普及组织，专注于农业技术的研究与推广，增强农业科研成果的应用效率，推动农业现代化（李红和成玉峰，2013）。进入 20 世纪 50 年代，日本政府加强了财政援助以提升农业生产力和支持农民教育，确保财政稳定（李凌和何君，2014）。为实现这些目标，政府颁布了《农业改良财政援助法》《工业教育促进法》《青少年教育促进法》。到了 20 世纪 60 年代，随着农村劳动力的大量外出，农业就业人数减少，农业劳动力老龄化问题开始显著。为应对这一危机，日本实施了《农业基本法》和《农业振兴法》，强调农村教育的重要性，提出加强农民的职业教育，提升其独立生产和经营能力，并通过建设农村社会保障体系来保障农民生活，进一步提出了振兴农村和农业的目标。自 20 世纪 80 年代以来，日本开始调整农业生产结构，颁布了《农地法》和《农地改良法》等法律，促进土地流转，旨在将小规模农业生产转变为大规模农业生产，吸引更多年轻人参与农业工作。进入 21 世纪，日本颁布的《粮食、农业和农村基本法》在指导农业改革和农村教育的发展进程中发挥了重要作用。

（二）构建完善的农民职业教育培训体系

1. 文部科学省主导的农民职业培训　文部科学省（MEXT）负责监督和管理日本农民的传统农业教育，提供从小学到大学的全面教育，专注于培养农业技术人才。具体来看，初等教育阶段通过综合课程普及农业知识，目标群体为中小学生。中等教育则具有更高的专业性，主要服务于农业专业学生、自雇农民及农业技术人员，教育体系分为普通农业高中教育和专业农业教育。高等教育层面，农业人才培养分为三种主要形式：大学提供的农业教育课程、农业大学的专业农业教育以及短期大学的农业相关课程。这些人才成为日本农业研究的骨干力量（李逸波 等，2016）。

2. 农林水产省主导的农民职业培训　农林水产省（MAFF）的培训项目更侧重于高素质农民的实际技能培养，结合理论教育和实践培训，课程设计更为多样化。该培训系统包括农业技术普及教育和农业协会教育两大部分：一是针对农业新手和经营者，涵盖正规教育（如农学院、都道府县立农业大学等）和非正规教育；二是作为农民职业培训体系的核心，通过讲座、交流和短期培训等方式进行的农业合作协会教育（JACA），主要内容涉及农业推广，有效提高了农民的组织化程度。

（三）出台激励政策吸引人才进乡村

1. 对生产大户进行资金支持　鉴于农业劳动力老龄化问题的严重性，日本政府于 1993 年实施了"认可农业制度"和"骨干农业经营者培育制度"。这些政策旨在为获得认证的农户提供技术培训、资金支持和税收优惠，以促进农业规模化经营。这一制度不仅推动了农业现代化，还在 21 世纪成为农业政策的重要支柱。此外，为培养新一代农业接班人，2012 年日本政府设立了青年农业补贴制度，每年向中青年农民（未满 45 岁）发放 150 万日元补贴，并为新型青年农业生产者提供技术和资金支持。这些措施有效增加了青年农民数量，促进了农业发展（Hashiguchi，2014）。

2. 建立农村养老保险体系　20 世纪 50 年代，日本强制农民参与养老保险制度。这一制度为农民提供了基本的养老保障。20 世纪 70 年代，日本出台了《农工年金法》，其中明确规定务农农民需强制性加入养老保险体系，并对老年农民在土地经营权转让时征收一定的转让金。这一措施不仅加强了养老保险的财政基础，也促进了农村土地的合理流转。进入 20 世纪 90 年代，日本继续深化养老保险制度改革，颁布了《国民养老基金制度》。这一制度不仅确保了农民的基本生活需求得到满足，更进一步提升了他们的生活质量，从而构建了一个更为完善和健全的农村养老保险体系（陈殿美和刘吉双，2013）。

3. 特有的农业生产者国内外研修制度　自 20 世纪 50 年代起，为了推动现代农业的快速发展，日本政府便启动了向欧美发达国家派遣年轻农业生产者的项目，旨在汲取先进的农业技术和管理经验。后来这一项目逐渐扩展并深化，形成了包括国内外研修计划在内的全面职业培训框架，成为农林水产省农民培训体系中不可或缺的一环。这些研修计划为年轻的农业生产者提供了宝贵的学习机会。他们不仅能在国外亲身接触和学习农业生产和流通行业的前沿知识，还能在国内与主管农业的官员和专家深入交流，掌握先进的农业技术和知识。通过这些全面而系统的培训，日本农业现代化得到了重要的人才支持和技术保障。这些年轻的农业生产者成为推动日本农业持续进步的中坚力量，为农业产业的繁荣和发展注入了新的活力。

二、韩国经验

在推进乡村振兴战略的过程中，韩国制定了一系列措施，其中定居创业支持政策作为核心举措之一。政府采取了包括提供土地、住房优惠、财政补贴、低息贷款等多种手段，为有意在农村地区扎根的创业者提供全方位支持，尤其是为归农归村人员量身定制了特定的支持政策。为了提升归农归村人员的专业技能和适应能力，政府建立了归农归村教育基地网络，提供一站式教育培训服务。同时，韩国政府还致力于构建完善的信息咨询服务体系，为归农归村者提供全面的信息支持。这些政策的实施不仅改善了农村劳动力结构，吸引了更多优秀人才参与农村建设，还促进了农业产业的繁荣发展，为农村经济的全面振兴注入了新的活力。

（一）政策支持情况

1. 定居创业支持　韩国政府深刻认识到定居创业对农村振兴的关键作用，因此为有意在农村扎根的创业者提供了全方位的支持。首先，他们为希望在农村定居的个人提供了便捷的农村闲置建筑用地和房屋居住申请服务，特别对归农归村的院校毕业生给予优先居住权，并减免水电费，以减轻他们的生活压力。此外，政府还针对特定群体制定了特别支持政策。对于全家移居农村并稳定生活一年以上的家庭户主、即将退休的公司职员以及接受过归农教育的进修者，政府均提供个性化的支持措施。值得一提的是，韩国政府还特别关注那些具备农业专业知识和实践经验的人才。对于那些在农业院校实习期间表现优异，或接受民间团体农业教育后投身农业生产并达到一定时间的人员，只要他们提交详尽的创业申请书和企划案，并在评审中展现出卓越的执行力、经营能力和服务意识，政府将提供创业扶持。这些政策的实施旨在吸引更多优秀人才投身农村建设，推动农业产业的蓬勃发展，进而优化农村劳动力结构，实现农村的全面振兴（张立和王波，2021）。

2. 归农归村教育基地支持　为了加强归农归村人员的专业技能和适应能力，韩国政府精心策划并在全国范围内建立了归农归村教育基地网络。这些基地与各级农业技术园和市郡农业技术中心形成紧密的合作机制，旨在为归农归村人员提供一站式的教育培训服务，内容全面涵盖农村生活适应、农业生产经营以及技术操作等领域。有意向的归农归村人员需向当地教育机构提交书面申请，通过选拔后，他们将正式进入实习阶段。在实习期间，学员将根据当地消费水平获得相应的实习津贴，这不仅是对他们努力学习的认可，也为他们未来在农村创业和生活提供了必要的经济基础（王曼乐 等，2017）。

（二）财政支持情况

韩国农林畜产食品部在归农归村政策上采取了全面而有力的财政支持措施，这些措施不仅为归农归村者提供了实质性的帮助，也为农村经济的发展注入了新的活力。1962年，韩国政府设立了贷款支持政策，贷款支持政策为归农归村者提供了创业和购房的资金支持。具体来说，通过市郡农政审议会审核合格后，归农归村者可以获得最高2亿韩元的创业贷款，年利率低至3%，分期还款期限长达10年。对于购房需求，政府也提供了最高5 000万韩元的低息贷款，年利率根据年龄有所调整，为归农归村者提供了稳定的住房保障。补助政策涵盖了教育实习、房屋修理和咨询费用等方面。同时，政府还为归农归村者提供了房屋修理费补助和咨询费用补助，帮助他们更好地适应农村生活并顺利开展农业生产。储备金政策用于举办归农归村博览会和学术交流会等活动，这些活动不仅为归农归村者提供了交流和学习的平台，也为他们提供了展示自己产品和技能的机会，进一步促进了农村经济的发展。这些财政支持措施的实施，有效促进了农业创业和改善了农村定居环境。归农归村者在得到政府帮助后，能够更好地融入农村生活并顺利开展农业生产活动，为农村经济的发展注入了新的活力。同时，这些措施也促进了城乡之间的交流和互动，有助于缩小城乡差距并推动农村经济的全面发展（王爱玲 等，2021）。

（三）支持归农归村主体情况

韩国政府在归农归村政策的推行上，旨在全面提升归农归村居民的生活品质，并推动农村经济的持续繁荣与发展。首先，政府通过农林畜产食品部与海洋水产部的紧密合作，对归农归村现象进行了详尽的数据统计分析，并基于五年周期的调研结果，精心策划了下一阶段的支持政策。其次，政府农业政策局的农业人力资源科在农业生产者的培养上发挥着至关重要的作用。他们专注于农业技术的传承，通过实习与创业指导，鼓励年轻人深入了解并投身农业生产，为农村注入新的活力。同时，农村振兴厅的技术援助局与农村资源开发研究所致力于传统农村和特色小镇的发展，通过支持民宿型农院与农村观光项目，推动了农村旅游业的繁荣。综上所述，韩国政府在归农归村政策的实施上，展现了全面而深入的战略眼光。这些措施不仅促进了农业生产的发展，还提高了归农归村居民的生活质量，推动了农村经济的持续繁荣。这些成功经验无疑为其他国家在推动类似政策时提供了宝贵的参考和借鉴。

（四）信息咨询服务情况

韩国政府为了有效支持归农归村者，设立了完善的信息系统和服务机制，以确保他们能够顺利适应农村生活并实现农业创业。首先，韩国设有教育信息系统和归农记录系统，为归农归村者提供了丰富的信息支持，该体系既包括对乡村生活的适应、主要农作物的种植、居住指导等前期准备的资料，也包括农村事务的处理、村民冲突的化解等后期的管理资料（周旭海，2024）。另外，韩国对返乡农民工的住房和工作方式变化、农村医疗、收入与税收、农产品流通渠道和特点、返乡创业的成功事例进行记载，为返乡农民工的返乡创业提供有价值的借鉴。为了更好地服务归农归村者，韩国设立了归农归村综合中心[①]。该中心整合了农协、农协中央委员会及各地区自治会等各组织之力，搜集整理有关归农归村扶持政策、金融、土地资源、房屋、教育、农业管理等资料。中心聘请经过专业顾问单位鉴定的农业生产专家，针对回乡务农、农产品种植、农产品加工、流通、技术等问题，进行一对一的服务。此外，还开通了24小时热线电话，让返乡农民和专业人士能够进行双向交流，保证问题能够及时地得到解决。另外，韩国也成立了"农地托管银行"[②]，方便有意返乡的专业农民及返乡农民，提供个人化的辅导。这些服务包括归农类型分析、创业计划制定等，旨在帮助归农者根据自身情况制定合适的创业方案，降低创业风

---

① 韩国归农归村年轻人持续增多，https：//m.gmw.cn/baijia/2022-07-28/1303064112.html。

② 国外农经，http：//www.rcre.agri.cn/zjsd/gwnj/202106/t20210608_7695172.htm。

险。为了增进归农归村者之间的交流和经验分享，韩国还举办了归农归村博览会。通过这一平台，归农归村者可以获取更多实用的信息和建议，为自己的创业之路打下坚实基础。总之，韩国政府通过设立完善的信息系统和服务机制，为归农归村者提供了全面而细致的支持。这些措施旨在帮助归农归村者顺利适应农村生活并实现农业创业，为农村地区的可持续发展和经济繁荣做出贡献。

（五）教育培训情况

1. 归农归村教育　韩国在归农归村教育方面展现出了全面且系统的规划与实施。农林畜产食品部委托教育文化信息院负责归农归村教育，这一教育过程包括归农前的集体教育，内容涵盖了线上和线下两个主要的教育模块（余侃华 等，2021）。参与培训的归农者需要向当地教育机构提交书面材料并通过面试，确保他们具备接受培训的基本条件和意愿。总的来说，韩国的归农归村教育为归农者提供了全面、系统、专业的知识和技能支持。通过这些教育和培训项目，归农者能够更好地适应农村生活、提高农业生产效率、实现经济收益的增加，为农村地区的可持续发展和经济繁荣做出贡献。

2. 归农归村志愿者培训　韩国在引导优秀青年人才流向农村并培养归农归村意向者掌握先进农业生产技术方面取得了显著成效。这些成果主要得益于政府采取的一系列有针对性和系统性的措施。首先，选拔优秀志愿者进行归农归村实习是一项重要举措。通过这一计划，政府为有志于回归农村的青年提供了宝贵的实践机会。在农业技术中心推荐的新型农户、专业农户和创业农户指导下，实习者能够接受到一对一的培训，全面了解农业生产的各个方面，包括农业栽培、农村生活必备技能、农业观光、归农体验和归农心理健康等。这种培训方式不仅使实习者能够掌握先进的农业生产技术，还为他们提供了实际操作的机会，帮助他们更好地适应农村生活。其次，政府注重考察多种农业经营模式，为归农归村者提供了更多的选择和思路（崔桂莲 等，2020）。通过了解和比较不同模式的优缺点，归农归村者可以结合自身条件和兴趣，选择最适合自己的发展方向。这不仅有助于提升他们的收入，还能促进农业产业的多元化发展。同时，在此基础上，建立了相应的监督与评估机制，以促进国家对失地农民政策的不断修订与完善，以保证其更切合现实的需要。

三、美国经验

作为农业教育的先驱之一，美国建立的农业教育系统为全球提供了重要经验。美国的农业教育体系覆盖从小学到大学的各个阶段，并强调理论与实践的结合，目的是培养具备现代农业所需的综合技能的专业人才。通过相关法律法规的支持和财政投入的持续增加，美国农业教育机构得到了持续的发展和完善，这有效地推动了农业科技的进步和农业人才的培养。

(一) 建立完善的学历教育体系

美国的农业教育体系确实是一个多层次、全方位的体系，涵盖了从小学到大学的各个阶段，旨在提供职业和学术农业教育。首先，美国的农业教育体系主要由正规的农业教育机构和普通的推广教育机构组成。这些机构包括公立大学、农学院、社区学院等，它们采用课堂理论教学与田间实践相结合的方法，对中青年农民和有志从事农业的人进行学历教育。这种教学方法使学生能够将理论知识与实际操作相结合，从而更好地掌握农业知识和技能。其次，美国的农业教育有着坚实的法律支持。自20世纪以来，相关法律规定政府应提供土地、建立农业院校并提供必要的资金支持。这些法律规定为农业教育的发展提供了有力的保障，使得农业教育机构能够得到充足的资金和资源支持，从而不断完善教学设施和教学方法。随着财政投入的增加，美国农业教育的发展得到了显著提升。农业教育机构的规模不断扩大，招生人数逐年增加，学科设置也日益完善。各级农业院校不仅承担教学和科研任务，还负责新技术的推广。这使得农业教育能够紧跟时代步伐，不断适应农业发展的需求。此外，美国农业教育还注重教学与实践的结合。教师能够及时向学生传授最新的农业知识和理论，确保学生能接受到最前沿的教育。同时，学生也有机会参与实际的农业生产中，通过实践来巩固和应用所学知识。这种教学与实践相结合的方式有助于提高学生的实际操作能力和解决问题的能力。总之，美国的农业教育体系是一个多层次、全方位的体系，旨在为农业生产和农业发展培养高素质的人才。通过法律保障、财政支持和教学与实践相结合的教学方式，美国农业教育不断取得新的进展和成就 (李国祥 等，2013)。

(二) 推行科学有效的技能培训体系

美国政府积极动员社会各界团体和人士参与高素质农民的培育工作，通过多种方式推进这一进程。政府鼓励各级农业院校在农村和城市建立4-H组织，这是一个寓教于乐的组织，旨在通过"头脑清醒、双手勤劳、心地善良、身体健康"的理念，培养全面发展的高素质农民 (Cano 和 Bankston，1992)。在农村地区，围绕特定农作物的种植主题成立青年团体，结合当地农业管理部门和农业院校的支持，通过田间实践活动传授农业实用技术，以此推广农业科技。而在城市地区，则通过多学科融合的培训方式，全面提升高素质农民的综合素质。此外，4-H组织还通过校外实践活动，帮助农村社区的青少年培养对农业技术的兴趣，并鼓励他们参与农技活动中。这些活动在推广农业新知识、新技术方面发挥了重要作用。截至 2015 年，4-H 教育发展各类会员近 600 万，为美国培养了大量高素质农民的基础性人才（李金龙和修长柏，2016）。美国农业部（USDA）也在此进程中发挥了关键作用，设立了多个相关农业机构。总的来说，美国已经逐步建立了一个以政府为主导、农业院校为主体、社会培训机构为辅助的农业教育与科研相结合的新体系。此体系通过多元化的农民教育管理组织和培训机构，确保了农民教育的有效开展。同时，操作性强的教育质量监控体系也保障了教育的高质量进行（魏勤芳，2005）。这些措施极大地提高了农民的专业技能，使他们能够全面掌握科学、教育和文化等综合知识，从而促进了高素质农民的持续发展。

（三）设立农业实验站

美国农业试验站制度的起源可以追溯到 1875 年，旨在进行农业科学研究和试验。1887 年，美国建立了 56 个正规的农业试验站。农业试验站将农场经营和管理作为其核心活动，为农民提供农产品营销和销售知识、管理实践和经验。同时，试验站还提供生产技能指导，包括动植物科学、景观艺术和仪器原理。这些技能和知识不仅帮助农民提高整体农业素养，还提升了他们的农场生产力和盈利能力（李方红，2015）。通过这种制度，美国农业试验站成为推动农业科学研究和实践的重要机构，为农民提供了宝贵的技术支持和管理经验，极大地促进了农业的发展和现代化。

（四）实施有效的服务指导

1. 开展多层次的管理技能培训指导　美国农业部在中国的分支机构遍及全国，政府、机构及个人都在协助农户提高经营技巧，协助新农人把经营理念转变成经营方案，并对土地、农作物、化肥等要素做出科学的分析。所有的农场主都可以通过美国农业部的服务中心得到重要的服务，其中包括对土地和财政支持，商业计划，以及环境保护计划。当新的专业农场主制定出基本的经营规划后，美国农业部的地方官员就能与美国农业部进行交流，提出相应的意见，并向农场主或农场所有者提供指南，以协助他们开展或扩展他们的生意。美国农业部的全国办公室也能把农民与地方资源及机构连接在一起，帮助他们达到经营目的。一个相似的机构是美国自然资源保护署，该机构向农场主或农场所有者免费提供技术支持和咨询，以协助其经营自己的土地。一般的技术支持包括资源评价、作业设计以及资源监测。保育计划人员协助农户决定是否有适当的金融补助，等等（陈祥升，2023）。通过以上三个方面的研究，为农户提高经营水平、优化生产经营方式提供了理论依据。

2. 实施风险防控指导　美国农业部（USDA）通过提供多样化的工具与

计划，助力生产者和新手农民有效应对这些挑战。其工具包括风险管理工具（如农作物保险及市场与风险信息）、技术援助、病虫害防控及灾后援助等。特别是通过联邦农作物保险公司（FCIC）、USDA 提供农作物保险，帮助农民和牧场主管理风险，并支持包括有机农业和可持续农业在内的多种生产实践。针对未投保农作物的生产者，美国政府实施了"非保险农作物灾害援助计划"，提供财政援助以减轻自然灾害带来的损失。同时，金融服务管理局（FSA）协助新入行的农民和牧场主应对市场风险，包括地理位置不利造成的价格损失或市场差异。每年，风险管理局还为生产者合作组织提供农作物保险教育和风险管理培训机会。通过上述措施，USDA 致力于提升农民和牧场主的风险应对能力，确保他们在面对自然灾害和市场波动时能获得必要的支持和资源，从而推动农业的可持续发展和经济稳定。

四、德国经验

德国的农村人才培养体系凭借其严格的等级认定制度和多层次教育路径，为农业和乡村振兴提供了强大的人才支撑。这一体系不仅确保了进入农业行业的人员具备必要的专业知识和技能，还通过持续教育和职业发展机会，促进了农业从业者的持续成长和专业化发展。

（一）多层次的农村人才等级认定制度

在德国，要做一个合格的农民，必须先完成小学教育，然后才能进行职业教育。职业教育毕业后，学生需要到农业企业或农场实习，签署劳动合同，到农业社团登记，并获得相应的实习经验；还会被要求到国立农业大学进行系统的理论研究。随后，必须参加全国农业专业技术人员的考核，通过并取得学徒证后才能成为一名初级农民。但是，如果想要创业或者继承家业，则需要进一步学习。必须考上国立农业大学，完成三年农科教育，取得专科文凭。专科毕业后，再到专业学院继续深造一年，通过毕业考核，取得农学硕士学位。有意愿进一步提高的农户，可继续参加技术培训，取得技术人员资格证。接着，若再参加一次额外考试，通过后入学一所国立的高等农业学校，毕业后将会在欧洲取得一份由欧洲联盟授予的高水平的农业专业证书。德国建立了一套完善的职业教育体系，保证了农业从业人员具有较高的专业知识与技术，为高质量的农业发展提供了可靠的人才保障。

（二）德国"双元制"教育模式

"双元制"实行的程序是面向市场的，农业专业的界定须经联邦职业学校、工商企业、农业协会及社会各方面的利益相关者联合制定，再经主管机关核准，再经《职业教育与培训法》予以立法。这一系列措施对"双元制"取得成功具有重大意义。农业专业的界定是在企业、合作社、社团等主体的积极参与下形成的，与市场需求密切相关（魏晓锋 等，2010）。

（三）"普适性"的欧盟资质框架

欧洲资格体系（EQF）根据三个因素，即知识、技能和能力来评价德国的大学毕业生。其中，"知识"是"理论性"的，"技能"则是"认识"与"实际"两部分；"能力"在很大限度上是与责任感和纪律性相联系的。学历等级共分为 8 个等级，具有硕士研究生学历的乡村居民相应的 EQF 等级为 6 级，具有博士研究生学历的居民相应的 EQF 等级为 8 级。EQF 把农业与其他产业的学历认证统一在一个框架内，从而实现了对不同产业人才的学习成绩与能力的统一参考。这样，既可以进行学历认证的对比与转化，又可以增强对乡村人才的认同。另外，按照 EQF 的规定，第一批走职业教育路线的乡村人才，只要到了高等专科学校，通过了考核，就可以再到公办高校继续深造。类似地，从公立学校毕业的学生可以转到专门的职业学校，这些学校更侧重于培养实际能力。这样的培养方式，使青年能够依据自身的实际需求与文化程度，自由地选择各种学习方式。此外，由于与公立高校一样，职业学校的学生也不会被认为是"差生"，从而遭到歧视（Deissinger et al.，2011）。

（四）优厚的农村福利待遇

德国农村享有令人羡慕的优厚福利待遇，这主要得益于其完善的养老社会保障体系和农业人才扶持政策。首先，德国的养老社会保障体系十分健全，它分为两大体系和六个子体系，其中农村养老社会保障体系独树一帜，是国家养老保险体系中不可或缺的一部分。目前，德国农村的养老和医疗保障事务由专业的农业社会保险联合会全权负责，确保农民在晚年能够享受到应有的生活保障和医疗照顾。然而，过去的农业直接补贴政策在某些方面对新进入农村的年轻人显得不够公平。为改善这一状况，德国近年来不断深化农业脱钩补贴改革。除了优厚的福利待遇和公平的扶持政策外，德国还注重农村人才的培训与培养。他们建立了一套成功的农村人才培训体系，为德国培养了一批新型现代化农村人才。这些人才不仅具备丰富的农业知识和技能，还具备创新精神和市场意识，能够引领德国农业不断向前发展。他们的加入为德国农业的发展提供了充足的人力资源保障。综上所述，德国农村在养老社会保障体系和农业人才扶持政策方面均表现出色，为农民提供了优厚的福利待遇和广阔的发展空间。这些举措不仅促进了德国农业的持续发展，也为其他国家提供了有益的借鉴。

五、主要启示

（一）人才振兴要构建目标多层次、功能多元化的农民教育培训体系

通过分析西方国家乡村振兴战略，可以看出建立制度化、规范化的农民教育培训机制十分必要。美国是世界上最早形成高层次、系统化的高素质农民培养制度的国家，究其主因是再教育与再培养。美国农村地区开发的中心环节在于提高职业农民的专业素质，并优化其管理制度。为此，美国落实了新的优惠政策，保障职业农民的利益，完善管理模式，实行资格认证制度，确保项目资金来源。所有这些农业推广和保护措施都伴随着高素质农民再教育和美国农业的发展。中国可以借鉴这一经验做法，通过制定或优化针对乡村人才的法规，确保农业从业者有明确的职业路径和成长机会。同时，应加大对农业教育和职业培训的投资，特别是在技术和管理培训方面，以提升农业从业者的专业能力和创新能力。这些措施将有助于构建高水平的农民教育培训体系，推动中国农业的现代化和可持续发展。

（二）人才振兴要利用法律来保障农村人才培养工作的顺利推进

在全球范围内，无论是资源丰富的国家，如美国和德国，还是资源有限、以小农经济为主的国家，如日本和韩国，都已制定了相关的农民教育培训法律，从而确保农村人才培养的顺利进行。例如，美国在 1862 年便通过立法确认了农民教育的重要性，而日本在 1947 年通过了其首部农民教育法。1992年，中国发布《关于积极实施农科教结合，促进农村经济发展的通知》，这标志着农民教育在农村经济发展中的重要性首次得到官方认可。相比之下，中国的农民教育法律体系发展较晚。尽管《中华人民共和国教育法》《中华人民共和国农业法》和《中华人民共和国农业技术推广法》在一定程度上涉及农民教育问题，但中国缺乏一部系统的法律专门针对农民教育进行明确规定。这种情况表明，中国亟须制定《农民教育法》，通过法律和政策的引导，建立一个完善的法律和政策框架来促进农村人才的培养。通过建立这样一个系统，中国不仅可以提高农民的教育水平，还能确保农民能够更好地适应现代农业的发展需求，增强农村经济的活力，最终促进农业和农村地区的可持续发展。

（三）人才振兴需要政府引导创造有利的发展环境和机制

从德国、日本等国家对人才激励的实践来看，健全的社会保障制度可以极

大地提高乡村的吸引力，提高农民的生活品质，进而有效地留住人才（李毅和龚丁，2016）。为此，迫切需要建立健全的农村社会保障制度，使农民能够有尊严地生活，不会流失。中国是一个以小农为主体的农业社会，农户的组织水平不高，抵抗市场风险的能力不强。要实现有目的的乡村人才培训，关键在于加速农地流转，发挥以农民专业合作社为代表的新型经营主体的作用。农民增收对经济社会可持续发展具有重要意义。中国农村劳动力转移的一个重要因素就是城乡之间的收入差距。对此，国家应该实施对农民增收的补助与支持，以增加农民的收入，以减少农村劳动力的流失，推动乡村经济的稳定与发展。在此基础上，中国可以在德国、日本等国家建立完善的社会保障制度，提高农户的组织能力，提高农户的收入，促进乡村人才的培育与留住，促进乡村可持续发展。

第五章

国内乡村人才振兴的地方实践

开辟中国式乡村人才振兴新道路离不开地方在实践上的大胆探索、先行先试。自乡村振兴战略提出以来，全国各地在探索乡村人才振兴方面陆续涌现一系列独具亮点、富有新意的创新做法。其中，以湖北、浙江、甘肃、重庆、山东和河北等省份最具代表性，其经验做法、取得成效及相关模式值得总结和供其他地区参考。

一、湖北省的创新实践

湖北省武汉市江夏区是国家认定的绿色食品原料粮食生产基地、全国生猪调出大县，同时也是全省的粮食和水产大县。江夏区将人才振兴置于核心位置，专注于"优化利用、吸引和培养"人才，通过实施"四＋行动计划"，大量农民参与培训实践课程，众多能人和专家活跃在乡村田间，加速人才向乡村聚集，成为推动区域农业和农村发展的持续动力。

（一）引：培育人才、打造精英、做强龙头

武汉市江夏区致力于激发乡土人才的创新创业活力，通过将服装产业园区整合升级为创业园区，引导他们进入创业的海洋。区农业农村局与其他部门携手实施"农业星创天地倍增计划"，有效地推进了人才振兴战略的落地。截至2020年，全区近2 000名乡土人才参与了各类创新创业实践活动，其中500家企业是由乡土人才创立的。在这些努力之下，江夏区涌现出一批优秀的乡土人才，其中有50家被评为省级示范家庭农场。自2017年启动"乡土人才双百计划"以来，江夏区不断探索和创新乡土人才培育模式，积极引进和培育一批专门从事种植、养殖及农产品加工的专业人才。在此过程中，区内累计投入3 630万元来支持这些人才的发展。同时，启动了67个产业项目，并成功应用了29项科技专利，大大提升了农业产业的科技含量。在政策的推动下，受扶持的乡土人才普遍实现了年收入超过100万元，有的甚至超过500万元。这些成就标志着江夏区在推动乡村振兴战略方面迈出了坚实的步伐。

（二）用：扶持人才示范引领、畅通渠道、汇聚人才

2017 年，在武汉市农业科学院和江夏区林业科技推广站的技术支持下，80 后"新农人"庞在虎选择了"大桥桃"项目，并成功流转了雷岭村的 343 亩①土地，投入 600 万元建设了生态果园。2019 年，果园内的桃树和柚子树均开始结果，数量可观。同年 10 月，他首次将 100 亩桃园的产品推向市场，取得了显著的经济效益。庞在虎表示，土地流转过程非常迅速，得到了政府的大力支持。自他返乡投资以来，江夏区金口街道的有关部门为他提供了全程对接服务，林业部门还组织了专家团队，并与市农业科学院合作，设立了科技特派员和示范基地，以促进品种栽培的创新研究。同时，江夏区既注重人才引进，也注重人才培养。例如，有着 20 年养猪经验的雷贤忠，在面临市场变动挑战时，得到了江夏区生态部门和相关单位的支持，通过"四大举措"助力养猪产业转型和升级。雷贤忠不仅创新了饲养模式，还带动了农户和农村剩余劳动力的发展。江夏区还启动了多项农村实用人才创业支持计划，重点培养了多个科技示范村、农业科技创新团队和农业科技领军人才，为农村人才提供了创业培训、项目、信贷等多方面的支持，累计培育了数百名乡土人才，以发挥他们的示范和带动作用。

（三）育：建立培训平台、促进创业创新

江夏区为应对农村实用人才面临的挑战，创新采用了"部门引领、街道协同，特色鲜明、全面覆盖，按需施教、学用相长"的培训模式。在培训形式上，江夏区将"课堂理论传授"与"基地实践操作"相结合，辅以"田间地头实验示范"以及"专家一对一指导"，确保学员们能够全面掌握实用技能。为了增强培训效果，2020 年江夏区积极建设了包括花卉苗木、果蔬种植、生猪养殖、水产养殖等在内的 12 个实习基地，并建立了农业科技成果转化平台。学员们不仅有机会与华中农业大学等高等学府的专家教授交流互动，还能直接邀请专家团队到现场指导。例如，村民曹秋莲在参加区委组织部举办的技术专题培训班后，掌握了蔬菜种植的关键技术，她表示："种菜不仅靠体力和传统经验，更需新技术和市场洞察。"针对乡村人才在申请项目资金时因缺乏专业技术职称而遭遇的困境，江夏区在湖北省内率先试点"乡土人才职称评定"制度，并出台了《江夏区农村实用人才职称评定办法》。至 2020 年，已有 239 名乡村人才获得了职称认定，其中 180 人获得初级职称、53 人获得中级职称、10 人获得高级职称，这一举措为乡土人才提供了重要的职业认可和发展平台。

---

①　亩为非法定计量单位，1 亩＝1/15 公顷。

（四）留：完善政策服务培育人才成长沃土

江夏区在农业与农村人才建设方面持续加大力度，通过财政资金投入的增加、评选机制的完善以及服务体系的构建等举措，有力推动了农业人才领域的发展。为了具体落实这些措施，江夏区首先搭建了农村实用人才创业平台，为重点扶持对象提供了一系列政策优惠。特别是那些荣获"优秀乡土人才"称号的个体，更是享受到了包括贴息贷款、项目支持、培训机会、评选机会、财政补贴以及乡镇基层服务岗位等在内的"八大优先"权益。同时，江夏区还积极整合省、市、区三级的涉农资源，以项目为驱动，引导和激励优秀的农村实用人才参与农业项目，进而促进人才与项目的共同发展。在乡土人才的发掘和培养方面，江夏区也出台了详尽的人才评选方案，明确并量化了生产、经营、技能、技术服务以及社会服务五类人才的认定标准，并且每三年组织一次评选活动。此外，江夏区还特别开设了"专家热线"，为乡土人才提供个性化的辅导服务。该热线已经为农户提供了超过三万次的技术咨询，深受农户的欢迎。而"科技大篷车"项目则每季度至少下乡一次，推广新技术和新品种，仅在2018年，该项目的实施时间就超过了100天。江夏区坚信"发展是第一要务，人才是第一资源"，并将这一理念深入贯彻到乡村振兴战略的实施中。该区将人才视为创新发展的核心动力，努力将人才振兴的潜在力量转化为实际的增长动力。通过创新工作思路和方法，江夏区以人才为引领，推动了产业转型、提升了乡村治理效能、丰富了乡村文化内涵，并增强了组织的战斗力。这些努力使得江夏区的乡村振兴工作取得了良好的开端。

二、甘肃省的创新实践

甘肃省定西市紧盯"引育留用"关键环节，奋力打造人才聚集"洼地"，推动各类优秀人才向乡村集聚，推动人才资源优势转化为乡村振兴优势。

（一）引：培育引进人才、打通乡村人才流动通道

定西市为推动乡村振兴战略的实施，采取了多维度、高层次的人才引进策略。首先，强化了高素质专业化人才的引进力度。通过实施"企业＋基地＋能人"的联动模式，精准对接乡村振兴龙头企业的人才需求。截至2024年，定西市组织了121家企业积极参与校园招聘会、网络招聘会等活动，成功引进各类人才2 200余名。这些人才的加入有效支撑了农业龙头企业、高新技术产业园区等产业链的关键环节，为产业链的延链、补链提供了有力支持。其次，加大了柔性引才的力度。为吸引更多高层次人才为乡村发展贡献智慧，定西市鼓

励并支持各类企业、科研院所等，通过顾问指导、项目合作、咨询论证等灵活多样的方式，助力人才培育。2024 年，定西市柔性引进高层次人才 130 多人次，这些高层次人才的参与为乡村发展注入了新活力和智慧。最后，加大了本土人才的培养力度。通过搭建乡土人才聚集平台，打造了一批具备场地、资源、平台和导师支持的全要素农业众创空间，为本土人才的成长、发展提供了良好的环境和条件。这不仅有助于激发本土人才的创新活力，还能有效促进乡村经济的可持续发展。

（二）用：优化发展平台使用人才

定西市在促进乡村经济社会发展方面，积极优化产业布局，展现出了前瞻性和创新性。针对本地马铃薯、中药材、铝冶炼等传统优势产业，定西市加强了规划布局，旨在巩固并提升这些产业的竞争力。同时，定西市也积极推动生物制药、新材料、新能源等新兴产业集群的发展，通过规模提升，为乡村人才的发展创造了广阔的空间和优质的条件。为进一步强化项目支撑，2021—2024 年定西市积极争取并实施了 17 个省级人才项目，同时市县层面也实施了 97 个重点人才项目。这些项目涵盖了种植、养殖、农产品加工等多个产业发展领域，为领军人才、拔尖人才提供了创新创业的机遇，同时也为培养更多的专业技术人才打下了坚实基础。此外，定西市还不断拓展发展空间，通过举办中国·定西马铃薯大会、中国（甘肃）中医药产业博览会、定西宽粉节等重大节会，加强了与知名企业、名校、名家的交流合作。这一举措不仅提升了定西市的知名度和影响力，也促进了创新资源的汇聚和共享。2024 年定西市已创建了 29 个国家级、省级创新基地，并成功引进和培养了 2 900 多名各类人才。

（三）育：培训乡村教育人才

定西市深知人才培养的重要性，因此坚持强化职业教育，并致力于建立完善的乡村人才教育培训制度。为了更有效地整合资源，推动"校地联姻、地企联姻"，与农业、医疗等领域的高等院校紧密合作，开设了各类针对乡村技能的专业班级。这种合作模式不仅提升了教育的专业性，还使得教育内容更加贴近乡村实际需求。为了拓宽人才的视野和知识面，定西市还强化了赴外培训。通过组织大专班、小分队等多种形式，每年坚持组织乡村振兴重点领域和特色产业的技术骨干前往农业发达地区进行深入的研修培养。这样的举措不仅让人才学习了先进的农业技术和管理经验，还为他们带回了新的发展理念和思路。实践是检验真理的唯一标准，也是人才培养的重要环节。定西市围绕培育乡村产业人才、乡土特色人才、乡村治理人才等目标，建立了"田秀才""土专家"讲习所。这些讲习所通过技能传授、技术攻关等形式，直接在生产一线进行业务技能的培训，极大地促进了人才的加速成长。

（四）留：强化政策保障留住人才

为了真正留住人才，定西市着力强化了政策保障。该市制定并出台了 30 条务实举措，旨在加强人才工作，聚力保障高质量发展。这些政策不仅营造了尊重劳动、爱惜人才、支持创业的浓厚氛围，还为人才提供了实实在在的物质和精神支持。除了政策支持外，定西市还非常注重对人才的关爱服务。通过建立健全周期的人才服务体系，提供从政策咨询到业务办理等"一揽子"服务，让人才在定西能够享受到便捷、高效的服务体验。同时，定期开展健康体检、走访慰问等活动，让人才感受到来自政府和社会的关怀与温暖。为了进一步提升服务质量和水平，定西市还组建了市级专家服务团，常态化开展"组团式"服务。这些专家团队不仅为人才提供专业的技术支持和指导，还帮助他们解决在实际工作中遇到的技术难题。在留住人才方面，定西市还积极拓展了人才晋升空间。通过健全乡村人才政治激励、薪酬激励机制，以及分类制定乡村人才评价标准体系等措施，让表现优秀、群众公认的人才能够优先获得评先评优、评聘职称的机会。这些举措极大地激发了人才的积极性和创造力，推动了乡村振兴人才工作的新局面形成。

三、重庆市的创新实践

为全方位培养、引进、用好人才，重庆市采取了一系列措施以推动农业农村人才队伍的增量提质，并鼓励各类人才在农村的广阔天地中充分展示他们的能力和才华。

（一）引：厚植人才聚集的沃土

1. **通过政策扶持带动就业创业**　近年来，重庆市农业农村委员会在落实精准扶贫政策的同时，大力推进了科技创新人才的自主创业。对于符合条件的年轻农民，理事会将每年给予一万元的支持（为期两年），目的是让他们稳固创业根基，达到可持续发展的目的。到现在为止，一大批本地人才回到农村任职和创业。他们不但把新思路、新观念带到了农村，而且通过兴办经济实体，对农村经济的发展起到了积极的推动作用。重庆市农业农村委员会还在全国首创"青农联盟"，建成 200 个高质量农民创业孵化基地，为广大农民创造了更大的发展空间，营造了更好的创业环境。这一系列措施，有力地培植了一片沃土，为乡村振兴注入了勃勃生机。

2. **通过竞赛项目带动创新创业**　重庆"乡村创业创新计划竞赛"已逐渐

发展成为一项吸引国内外优秀人才回乡创业的活动。2018—2024 年，六年间已经成功带动 160 多个农业创新创业项目落地生根，既为乡村振兴注入新的动力，又为优秀人才搭建了一个广阔的舞台。同时，评选出 8 个"全国农村创新创业示范县"、12 个"双创园区"、13 个"孵化实训基地"、8 个"优秀带头人"，使重庆在"三农"领域的知名度与影响力得到进一步提高。

3. 通过项目平台带动引智引才 重庆市农业农村委员会携手市财政局，在全市率先启动了"山区特色高效农业"技术体系建设。在这个宏大的项目中，中国特色果业系统创新团队做出了突出的贡献，取得了令人瞩目的成绩。经过六年的努力，该队伍已经将重庆市的柑橘行业推向了一个新的高度，并在当地的特色果业中脱颖而出。这支队伍里，人才济济，有九名队员因为出色的表现，被推荐到了各种人才计划中，或者被破格提拔，甚至有不少都是重庆市最年轻的正高级农业专家、学术带头人。以此为基础，重庆市已经建立和健全了特色林果、榨菜、草食家畜等 14 个行业的技术体系创新队伍，队伍汇集了全国各地的专家学者，集中力量进行科研攻关，为农业产业的持续健康发展提供了强大的人才支持。这些成绩既显示出重庆市农业科技创新能力的雄厚，又为今后农业产业化的蓬勃发展打下了良好的基础。

（二）用：优化人才评价机制、激发人才活力

重庆市农业农村委深刻认识到放权松绑对于激发人才活力的重要性，为了打破体制机制束缚，激活人才队伍干事创业的热情，在人才评价体制机制上进行了一系列创新和改革。

2017 年 12 月，重庆市畜牧科学院率先开展了职称评聘分开改革试点工作，实施了"三年一聘"的"量化考核、重新竞聘"制度。这一改革打破了"一评一聘定终身"的传统模式，引入了竞争机制和动态调整机制。2020 年第一个聘期结束时，全院 205 名专业技术人员中，有 8 人因表现不佳而降聘，69人凭借优异表现获得晋升，128 人成功续聘。这一改革不仅打破了原有的僵化状态，还形成了"晋升者干劲十足、降聘者奋起直追、保岗者心有余悸"的良性循环。除了评聘制度改革外，重庆市农业农村委员会还坚持"分类评价、区别对待"的导向，对不同专业、不同层级的农业技术人员进行分类评价。这种分类评价更加符合各自领域的特点和需求，有助于更加准确地评价人才的真实水平。同时，还坚持"把论文写在大地上"的导向，对艰苦边远地区专技人员、基层乡镇企业一线人员、农民等群体，在职称评审中更加突出业绩水平和实际贡献。这一做法鼓励人才将所学知识运用到实际工作中，解决实际问题，为乡村振兴贡献自己的力量。为了充分发挥用人单位的自主权，重庆市农业农村委员会还授权市农业科学院、市畜科院开展自然科学研究系列和农业系列副

高级职称自主评审工作。这一举措进一步扩大了用人单位在人才评价中的话语权，有助于更加精准地选拔和激励优秀人才。通过这一系列的改革和措施，重庆市农业农村委员会在激发人才活力方面取得了显著成效。这不仅为乡村振兴提供了强有力的人才保障，也为农业农村人才队伍建设注入了新的活力。

（三）育：分层分类育人才播下乡村振兴的种子

重庆市农业农村委员会正面对着"培养谁？"的难题，"谁会去培养？如何培养？"。在解决这些问题的过程中坚持以需求为导向，一主多元的方针，建立多层次、多样化的培训机制，不断地发挥"造血"作用。首先，成立了以优势、特色为导向的人才培养目标数据库，保证培训的内容与行业的发展密切相关。在此基础上，建立了以党委政府为领导核心、农业农村部门为主体、市场为主导、公益性培训机构为培养载体，以多种形式投入的发展模式。这一制度能够使各方面优势互补，形成合力，为乡村振兴提供强有力的人才支持。截至 2020 年末，全市农村实用技术人才总数已超过五十万人，培养 21 000 名高素质农民；发展 32 000 个家庭农场，35 500 个农民合作组织。与此同时，全区已建立 35 个市级示范学校和示范基地，200 所农民田间学校。这既体现了培训制度的实效，又为乡村振兴注入了新的活力。在推进乡村振兴过程中，农民专业技术人员的作用不容忽视。重庆市农业农村委员会以提升专业技能为重点，以专业技术为重点，加强对基层技术人才的培训，为广大基层农民提供"土专家"和"田秀才"。

（四）留：强化保障留人才营造干事创业的环境

重庆市农业农村委员会深知人才经营是面向未来的工作，因此他们注重营造干事创业的人才环境。首先，通过制度保障"夯实工作基础"。市农业农村委员会围绕推动人才返乡下乡、加强农村实用人才队伍建设等，先后出台了一系列政策文件，为乡村引才、育才、留才提供了制度保障。其次，多措并举"解决后顾之忧"。重庆市畜牧科学院制定经费"包干制"科研项目管理和科技成果转化试点等实施方案，赋予科研人员更多自主权。同时，市农业农村委员会持续推进农业科研成果产权制度改革，实施科技成果奖励和辅导培养制度，让人才共享科研成果。此外，通过修建人才公寓、给予优惠购房政策等措施，解决了人才的生活问题。最后，通过榜样力量"营造良好氛围"。市农业农村委员会设立了"乡村振兴贡献奖"，对在乡村振兴工作中表现突出的集体和个人进行表彰，激励更多人才为乡村振兴贡献力量。这些措施共同营造了一个干事创业的良好环境，让人才在乡村振兴的舞台上大放异彩。

四、山东省的创新实践

近年来，山东省人社部门坚持以"人才引育创新"为目标，在"引才、育人、用才"上下大力气，通过培养、扶持本土人才、城市人才或专业人才等各类人才在乡村振兴中大显身手、建功立业，为建设"齐鲁乡村振兴样板"提供了强有力的人才保障。

（一）引：拓宽渠道集聚人才，支持各类人才向乡村流动

为促进农村地区各类人才的流动，济宁市创造性地建立了"农村合作伙伴"机制。该体系以"创业""技术入股"和"专业服务"为特色，以"一对一"的方式与招募村相结合，吸引了包括企业家、专家学者和技术能手等各种人才投身到乡村振兴中来。截至 2023 年，济宁市已经建立了 32 个"乡村振兴工作站"，吸纳了 545 个合作伙伴，476 个项目在当地落地，解决了 33 000 多个就业岗位，为农民增收 6 亿元。山东省借鉴"乡村振兴伙伴"等项目的成功经验，以企业家、农民工和技能人才为目标，建立"人才＋项目＋资本"的新型人才引进模式。与此同时，山东省还在城乡范围内开展了"扩面"活动，开发了五大类 30 多个乡村公益性岗位，为乡村振兴和共同富裕提供了便利。

（二）育：精准靶向培育人才，打造一支带不走的乡村人才队伍

山东省人社部门在推动乡村振兴、优化人才培育方面展现出了前瞻性和创新性。通过发挥职称"指挥棒"作用，建立"高素质农民"等三项职称制度，2023 年山东省人社部门为超过 18 万名人才提供了职业发展的新路径。同时，挂职研修制度的实施，为基层技术骨干提供了与省、市对口单位交流学习的机会，累计培养了 2 600 余名中青年技术骨干，有效促进了人才资源的优化配置。为了打破基层人才发展的"天花板"，山东省还建立了县以下管理岗位职员等级晋升制度，畅通了基层人才的职业发展通道，截至 2023 年，共晋升职员 4 461 人。这一制度的实施，不仅激发了基层人才的工作积极性，也提升了整个基层团队的凝聚力和战斗力。特别是在农村电商领域，威海市举办的电商直播培训推动了特色农产品的网络销售，实现了销售额的快速增长，为乡村振兴注入了新的活力。这些计划的实施不仅提升了农村人才的技术技能水平，也为乡村振兴提供了强有力的人才支撑。总的来说，山东省人社部门通过创新职称制度、搭建人才培养桥梁、实施精准育才计划等措施，有效促进了乡村人才的培育和发展，为乡村振兴注入了新的动力和活力。

（三）用：柔性机制用好人才，激发乡村振兴发展活力

山东省通过构建"乡村振兴首席专家"体系，引导社会各界优秀人才深度参与到农村建设中来。与此同时，山东省还在"柔性引进"方面下了很大功夫，为基层人才建立了一个服务基层的平台，打通了人才资源的帮扶渠道，推动了科技创新的成果直达基层，为乡村振兴服务。为留住优秀人才，集聚高水平的人才，山东省积极推动高水平、高水平的人才服务基地建设。截至 2023 年，山东省已有 5 个国家级院士基地和 213 个省级院士工作站，在基层聚集了14 000 多名高层次人才。这些基地为基层解决技术难题，培养基层人才，实现项目落地，科研成果转化，形成"产业＋人才、平台＋生态、技术＋赋能"的发展模式。山东省还将继续加大农村人才引进和创新力度，研究和落实新一轮农村人才振兴战略举措。

五、浙江省的创新实践

浙江省各地通过政策引导、平台搭建、能力提升、对接服务、宣传引导等措施，吸纳了大批乡村产业带头人（农创客）回乡创业，带领农民干、做给农民看、帮农民销，为农民增加了致富增收的新途径，万千乡村创业者的"微力量"凝聚成了一股强劲的乡村振兴合力。

（一）引、育：立足当下做好"引、育、留"新文章

浙江省在推动乡村振兴进程中，坚持精准施策，分门别类地引进与培育人才，为乡村发展注入了活力。2022 年，浙江省嵊州市依托 7 支农业产业技术团队和 5 支农业保障服务团队，不断完善"农大师"服务体系，吸引、培育了一批具备专业技能和创新能力的高素质人才。

1. 对外引"才"，就地取"才"　浙江省通过"农大师"服务体系，积极引进外部人才，同时就地发掘和培养本地人才。这一服务体系不仅为返乡大学生提供了全方位的农业技术指导和良好的就业政策保障，还鼓励他们在乡村创业创新，为乡村振兴贡献力量。

2. 致力于培优，全心全意育人才　为了提升农创客的业务能力和综合素质，浙江省采取了"订单式"培训模式。针对农产品直播运营、农村实务智能化操作等领域，开展了一系列有针对性的培训课程。同时，通过省农广校嵊州市分校、农村领军人才等培育工作，为农创客提供了系统的学习和成长平台。

3. 着眼于长远，因人施策留人才　浙江省注重人才的长期稳定发展，通

过实施千名农创客培育工程，制定了相应的政策激励机制。这一工程整合了各部门的资源，在项目支持、金融信贷等环节给予农创客政策保障，有效缓解了他们在创业初期面临的资金困难。此外，浙江省还通过举办交流活动、搭建合作平台等方式，促进农创客之间的合作与交流，推动乡村产业的协同发展。

通过这些措施的实施，浙江省成功吸引和培育了一批高素质人才参与乡村振兴事业。这些人才在农业产业发展、农村基础设施建设、农村文化旅游等方面发挥了积极作用，为乡村振兴注入了新的动力和活力。未来，浙江省将继续加大人才引进和培育力度，为乡村振兴提供更加坚实的人才保障。

（二）用：政府搭台创客唱戏全域农创开出共富花

在乡村振兴的道路上，浙江省通过一系列创新举措，以农业为基础，搭建起共富的框架，为农村经济发展注入了新的活力。

1. **充分利用土地资源，打造创业创新平台**　浙江省充分利用农村"流转土地、集体建设用地、闲置农房"等存量资源，通过盘活资源，打造创业创新平台，吸引了大批农创客前来"掘金"，为乡村带来了前所未有的发展机遇。

2. **共富大棚，点"土"成金**　在土地资源有限的情况下，浙江省创新性地提出了共富大棚项目。该项目通过将低收入农户的承包地以"互换并块"的方式实现集中连片，建成现代高效农业共富大棚，不仅提高了土地的利用率，而且鼓励了农户以土地形式参股，使得村集体、农户和创客三方都能从中受益，真正实现了共同富裕的目标。

3. **成立农创客发展联合会，携手并进奔共富**　为了进一步提升农创客的凝聚力和竞争力，浙江省成立了农创客发展联合会。该联合会为农创客提供了传帮带扶、信息共享、营销对接、宣传推广等服务，帮助农创客解决在创业过程中遇到的各种问题。同时，通过联合会的力量，进一步打响了桐乡"农创"品牌，提升了农产品的知名度和竞争力。

总体而言，浙江省通过以农引农的方式，搭建起共富的框架，为乡村振兴注入了新的活力。这些创新举措不仅促进了农村经济的发展，而且提高了农民的收入水平和生活质量，为实现共同富裕的目标奠定了坚实的基础。

（三）留：创新创业"衢农坊"联农共富的新天地

衢州市在组织农创客、大学生等青年人才方面取得了显著成效，通过科学设计"衢农坊"形式，全面提升了柑橘、蔬菜、茶叶等"3＋X"农业特色产品的竞争力，有效带动了村集体和村民共同致富。

1. **创新合伙模式，市场化运作项目**　衢州市充分发挥农创客的创新优势，以"衢农坊"形式推进合伙项目建设。这一模式不仅整合了资源，提高了项目的运作效率,而且通过市场化运作,使得项目更具活力和竞争力。2023 年,衢州市发布行动计划 106 项,涉及 235 个项目,这些项目涵盖了农业生产的各个环节,为乡村振兴注入了强大动力。

2. 打造"衢农坊"矩阵,实现多坊共振 为了进一步提升"衢农坊"的影响力和带动效应,衢州市致力于打造"衢农坊"矩阵,实现多坊共振。通过扩大数字农业、植物工厂等技术应用,发展各类农业特色种养工坊,如农(林)产品综合利用加工工坊、新型庄稼医院等农事服务工坊,以及乡村旅游和文创工坊等。这些工坊涵盖了农业全产业链的各个环节,形成了相互支撑、相互促进的工坊矩阵。

3. 探索共富机制,农创客带动共富 在推动乡村振兴和共同富裕的过程中,衢州市注重发挥农创客的示范带头作用。通过推动村集体和农户将闲置农房、山地、园地、承包地等直接或间接入股共富合伙人工坊项目,实现了资源的有效利用和价值的最大化。这种模式不仅为村集体和农户带来了稳定的收益渠道,而且激发了他们的积极性和创造力,形成了良好的共富机制。

衢州市通过"衢农坊"模式,成功地将农创客、大学生等青年人才引入乡村振兴和共同富裕的实践中。这一模式不仅提升了农业特色产品的竞争力,而且为村集体和村民带来了实实在在的收益。未来,衢州市将继续深化"衢农坊"模式的实践和创新,进一步发挥农创客的引领作用,推动乡村振兴和共同富裕取得更加显著的成效。

六、河北省的创新实践

河北省在乡村人才振兴方面采取了全面的政策措施,通过引导返乡入乡创业、加强基层党组织队伍建设、组织科技人才下乡、培育新型农业经营主体等多种方式,推动了产业振兴、文化振兴、生态振兴和组织振兴,为乡村振兴战略提供了有力的人才支撑和智力保障。

(一)引:推动返乡入乡创业

河北省在推动返乡入乡创业方面所采取的一系列政策举措,确实为乡村人才振兴和乡村振兴战略的实施注入了强劲动力。以下是对这些政策举措及其成效的详细分析。一是财税政策扶持。河北省通过实施《关于支持农民工等人员返乡创业的实施意见》等文件,为返乡创业者提供了财税优惠政策,如减免税收、提供财政补贴等,大大降低了创业者的成本负担。二是创业用地保障。政府为返乡创业者提供土地政策支持,确保创业者能够顺利获得所需的创业用地，为创业项目的落地提供了有力保障。三是实施农民工返乡创业专项计划。通过"双创双服"、就业孵化基地培育、创业就业孵化基地提升等活动，河北省为农民工等返乡人员提供了全方位的支持和帮助，鼓励他们回乡创业。四是培育创业孵化基地和创业大学。河北省积极培育创业孵化基地和创业大学，为创业者提供低成本、全要素、便利化的创业孵化服务，帮助他们顺利度过创业初期。综上，河北省在推动返乡入乡创业方面取得了显著成效，这些政策举措的实施不仅为乡村人才振兴和乡村振兴战略的实施注入了强劲动力，还为乡村经济的持续发展提供了有力保障。未来，河北省应继续加大政策扶持力度，优化创业环境，培育更多优秀的创业人才和项目，推动乡村振兴战略的深入实施。

（二）用：实施农业科技人才支持计划

河北省在"三区"人才保障项目和农村创新驿站的建设等方面进行了深入研究，并取得了显著成绩。首先，河北省高度重视农村基层科技工作，长期服务农村基层的具有法人资格的科技特派员稳定在 10 000 多名，建立了 891 个科技特派员工作站，实现了对贫困县区科技服务的全面覆盖。这些特派员、工作站以"精准"的技术服务为重点，有力地促进了乡村经济的繁荣，为农民增加收入开辟了新途径。其次，河北省出台了《农业创新驿站建设管理办法》，在农业创新驿站建设方面进行了细化，"十个一"模式得到了进一步的落实。这一模式以企业（园区）作为产业承接主体，集合 810 多位专业人才，形成了涵盖农、林、牧、加工等多行业的完整的科技推广队伍 81 支。截至 2019 年，全省已经有 81 个农业创意驿站，为 10 大类 26 个特色产业提供了服务。在这些驿站里，除了建立了科研、开发、推广中心外，还建立了一整套完整的农业生产体系，对农业技术的创新和应用起到了很大的促进作用，通过"驿站"这个平台，已经实现了 100 多项新科技和新成果的转化、应用和推广，科技贡献率达到 80％以上，直接带动了 7 万多户农民增收致富。同时，"三站"也是培养"一懂两爱""三农"技术人员的重要基地，已为农民提供了上万人的培训，并有一批农业大学的本科生、硕士生来这里进行教学实习和毕业设计，并接待了 400 多名中外专家进行了学术交流。总之，河北省"三区"科技特派员项目和农业创新驿站的建立，既促进了农业科技的创新和应用，又促进了农村经济的发展，提高了农民收入。

（三）育：培育高素质农民

河北省大力推进高素质农民的培养，以提高农民的专业技术水平和管理水平，为乡村振兴提供源源不断的人力资源。首先，河北省出台以培育既有现代农业知识与技术、又能带动乡村产业发展的新型农业经营主体带头人为重点的项目。其次，河北省出台了《河北省职业技能提升行动实施方案（2019—2021年）》，旨在促进农民职业技能的提高。在此基础上，开展了"春潮行动""大学生圆梦行动"等一系列专题培训活动。此次培训内容涵盖了从劳动准备、就业技能、职业技能提高三个层次，目的是全面提高农户的职业素质与创业水平。河北省在培训工作中，十分重视"三位一体"的培训体系构建，将农民教育培训、规范管理与政策支持相结合。该制度在提高农户专业技术水平的同时，保证了培训流程的标准化、高效性，并通过政策支持，保证了培训成果的转化与运用。这些举措已收到明显效果。河北省将在今后的一段时间里，不断加大对农民的教育和培训力度，不断提高农村人才素质，为实现乡村振兴奠定坚实的人才基础。

（四）留：加强基层党组织带头人队伍建设

河北省在深入实施农村"领头羊"工程，并持续开展基层干部"万人示范培训"上，已取得了令人瞩目的成果。这些努力不仅优化了农村带头人队伍的结构，更显著提升了村党组织带头人的政治素养、业务能力和担当精神。首先，以村"两委"换届为契机，河北省对农村带头人队伍进行了深度优化。截至2019年，党组织书记和村委会主任"一人兼"的占比高达75.9%，这种调整极大地加强了党对农村工作的领导，有效提升了基层治理效能。同时，年轻化趋势明显，50岁以下的年轻干部占比达到51.9%，较上届提高16.5个百分点，为农村带头人队伍注入了新的活力。高中及以上文化程度的干部占比也显著提升至81.5%，较上届提高17.5个百分点，这标志着队伍整体素质的全面提升。其次，农村致富带头人、外出务工人员、大学生村官和优秀退役军人等群体的占比高达76.7%，较换届前翻了一番。这些群体不仅具备丰富的实践经验、创业能力和创新思维，而且能够将外面的先进经验和技术带回农村，为农村经济的发展和社会的进步注入新的动力。他们的加入，无疑为农村带头人队伍带来了更多的智慧和力量。此外，河北省还积极开展了基层干部"万人示范培训"。这一培训项目内容广泛，涵盖了党的理论、政策、法律法规、农业技术、经营管理等多个方面，旨在全面提升村党组织带头人的政治素养、业务能力和担当精神。通过系统地培训和教育，这些村党组织带头人能够更好地履行职责、服务群众、推动发展。

总之，河北省在深入实施农村"领头羊"工程、持续开展基层干部"万人示范培训"方面取得了显著成效。这些措施不仅优化了农村带头人队伍结构，也提升了队伍的整体素质和能力水平，为乡村振兴提供了坚强的人才保障。展望未来，河北省将继续加强农村基层党建工作，推动农村"领头羊"工程的深入实施，为乡村振兴注入更多活力和动力。

第六章

中国乡村人才振兴的瓶颈制约

当前，我国虽已出台多项促进乡村人才发展和利用的相关政策，但各地在实践中仍面临诸多问题与挑战，亟待系统剖析和各方合力解决。

一、乡村人才振兴政策制定与执行的不足

在推进我国乡村人才振兴的进程中，各地区面临着诸多挑战与瓶颈制约。乡村人才振兴政策在制定与执行过程中的不足，包括政策缺乏系统性和前瞻性、执行力度不足、宣传普及不到位以及监督评估机制不健全等问题。乡村地区在人才引进上缺乏吸引力，难以有效汇聚外界优秀人才；在人才留用上，由于城乡发展失衡和人才流动机制不畅，乡村人才持续向城市流动，导致乡村人才短缺和老龄化问题日益严重；人才培养机制的不完善也制约了乡村人才的成长与发展，培训体系不健全、培训资源匮乏以及人才培养与实际需求脱节等问题亟待解决；人才评价与激励机制的不完善以及乡村治理体系与人才政策的不匹配，进一步加剧了乡村人才振兴的困境。

（一）政策缺乏系统性和前瞻性

在乡村人才振兴政策的制定与执行过程中，存在一些明显的不足之处。首先，政策缺乏系统性和前瞻性，导致现有政策多是针对具体问题而制定，缺乏长远的规划和整体的布局。这种短视的做法使得政策难以适应乡村发展的长期需求，从而影响了政策的可持续性和有效性。具体来说，政策制定者往往只关注眼前的问题，而忽视了乡村发展的整体趋势和未来需求，导致政策在实施过程中难以应对新的挑战和变化。这种缺乏长远规划的做法，使得政策难以形成有效的长效机制，难以从根本上解决乡村人才流失和短缺的问题。其次，政策之间缺乏协同，难以形成合力。不同部门和机构制定的政策往往各自为政，缺乏有效的沟通和协调，导致政策在实施过程中相互冲突或重叠，难以发挥应有的作用。具体来说，各个部门和机构在制定政策时，往往只考虑本部门的利益和需求，而忽视了与其他部门的协调和合作，导致浪费了有限的资源，降低了政策的效率和效果。因此，为了实现乡村人才振兴

的目标，需要加强政策之间的协同和合作，形成合力，共同推动乡村人才的发展和振兴。

（二）政策执行力度不足

政策执行力度不足也是一个显著的问题。第一，尽管政策文件已经出台，但在实际执行过程中，由于缺乏足够的资源和支持，政策往往难以得到有效落实。执行力度的不足不仅影响了政策的实施效果，而且降低了农民对政策的信任度和参与度。第二，政策宣传不到位，导致农民对政策的了解不足。许多农民对乡村人才振兴政策的内容、目的和具体措施知之甚少，这使得他们在政策实施过程中难以积极参与和支持。缺乏广泛的宣传和教育，政策难以深入人心，从而影响了政策的推广和实施效果。第三，政策执行过程中存在的偏差也是一个不容忽视的问题。由于执行人员对政策理解不透彻或执行方法不当，导致政策未能有效落实，甚至出现了偏离政策初衷的情况。这种执行偏差不仅浪费了有限的资源，也挫伤了农民的积极性，进一步削弱了政策的公信力和有效性。第四，监督评估机制不健全，使得政策效果难以评估。缺乏有效的监督和评估机制，政策的执行情况和效果难以得到及时的反馈和调整。这不仅影响了政策的持续改进，也使得政策制定者难以准确把握政策的实际效果，从而难以制定出更加科学合理的政策。综上所述，乡村人才振兴政策在制定与执行过程中存在诸多不足，需要从系统性、协同性、执行力度、宣传普及、执行监督和评估机制等方面进行全面改进，以确保政策能够真正落到实处，发挥应有的作用，推动乡村人才振兴目标的实现。

二、人才引进与培养机制不健全

乡村人才总量上仍面临严峻挑战，其数量远未达到支撑乡村振兴的标准。特别是在农业与科技两大关键领域，从人才匮乏的现象尤为突出，且呈现下滑趋势。一方面，其问题在于城乡发展失衡，导致乡村人才持续向城市流动，加剧了城乡间的经济与社会差距，从而拖慢了乡村经济的发展步伐；另一方面，乡村人才在留用和培育上也存在难度，激励机制不健全，乡村人才培训和教育支持不足等问题严重制约了乡村人才的成长与发展。面对这一系列挑战，我们必须深刻认识乡村人才问题的复杂性与紧迫性，采取更加有力的政策措施，创新人才引进、留用与培育机制，为乡村振兴提供坚实的人才保障。

（一）"引"才难：人才引进政策缺乏吸引力

乡村地区在人才的有效供给与需求方面呈现出显著的不匹配状况。一是社会层面尚缺乏高效的平台与机制来促进人才向乡村流动，从而导致人才资源与乡村发展需求之间存在明显的断层。乡村在人才引进的征途上，因缺乏强有力的渠道和平台支撑而难以有效吸引并汇聚外界的杰出人才。二是信息的不对称性问题同样突出，众多优秀人才对乡村的真实面貌及其发展需求知之甚少，进而减弱了他们前往乡村工作的积极性。许多怀抱回乡发展志向的年轻人尽管内心充满对家乡的眷恋与建设的热情，但在实际操作层面，除了依赖诸如"三支一扶""选调生"等专项计划，以及家乡的"招贤纳士"政策外，他们往往面临着渠道狭窄、机会有限的困境，难以找到其他切实可行的途径来实现回归乡土贡献才智的梦想（张新勤，2021；陈芮，2023）。三是乡村与城市在人才吸引政策、薪酬福利以及职业晋升途径等关键领域存在显著的不均衡现象。乡村在构建人才引进、培育及任用等方面的政策框架上，仍然不够完善，缺乏具有足够吸引力和竞争优势的政策举措。具体而言，乡村地区在薪资水平、职业成长路径、生活配套设施等方面难以充分满足人才的多元化需求，这无疑加大了人才引进的阻力。受制于自然条件、历史文化传统等多重因素的制约，部分乡村地区仍面临资源短缺、发展机遇稀缺、长期发展潜力受限等挑战。

（二）"留"才难：城乡人才流动机制不畅

当前，我国乡村地区正面临着人才单向流失的困境，即大量人才流向城市而难以回流。一方面，从人才层次的分布格局来看，乡村地区的高级专业人才主要集中在省、市、县三级，相比之下乡镇基层则普遍面临着专业技术人才匮乏的困境。这一不均衡现象严重制约了乡村在农业技术创新、产业深度开发、农产品加工与市场推广、财务管理、乡村治理现代化、生态环境保护以及规划发展等多个关键领域的发展步伐。更为严重的是，这种人才配置的不均衡还导致了一些地区科技工作者的工作任务不饱和，甚至出现了人才闲置的现象，这不仅是对宝贵人才资源的极大浪费，也反映出乡村人才资源配置机制亟待优化与调整，以实现人才资源的合理配置与高效利用。

另一方面，由于乡村地区相较于城市在生活条件、职业发展机会、教育资源等方面存在差距，导致高层次人才更倾向于流向城市，乡村地区难以吸引和留住人才。即使有人才愿意到乡村工作，乡村地区在配套服务、职业发展平台、后续跟进等方面也存在不足，使得人才难以充分发挥作用，进而影响人才的留存。根据第七次全国人口普查统计数据，我国乡村现有人口 5.09 亿，占全国总人口的 36.11%。而随着我国新型工业化的发展，社会信息化程度不断提高，农业现代化的不断深入，大量农业转移人口市民化的政策逐渐落实，乡村劳动力逐渐脱离农业向城镇转移。截至 2020 年底，我国乡村就业人口数达 2.87 亿，占全国就业总人口的 38%。其中，农民工数量达 2.85 亿人，占农村总人口的 56%，外出农民工近 1.69 亿人，占农民工总数的 59%，大部分的农民工选择外出务工，选择留在乡村地区就业的农民工占比较小。乡村地区在评价激励机制的实施上存在不足，这导致了人才激励过程中存在不公平、不公正的问题，进而严重削弱了人才在乡村发展的积极性与主动性（曹丹丘 等，2020）。在城市化进程加速和户籍制度改革的背景下，这一问题愈发凸显，对乡村振兴战略实施构成了严峻挑战。相较于城市，乡村地区在经济上相对滞后，这直接体现在生活环境、居住条件、教育资源、医疗设施等多方面存在明显差距。乡村往往缺乏丰富的娱乐设施和便捷的公共服务体系，这种生活环境上的差异使得许多年轻人难以适应乡村生活方式。因此，不少本地优秀人才因追求更好的发展机遇和生活品质而离开乡村，前往城市寻求更广阔的发展空间。为应对这一挑战，我们需制定更有力的政策与措施，以吸引和留住人才，推动城乡之间平衡发展。

（三）"用"才难：人才分布机制不完善

1. 人才类型和生产结构分布失衡　一是从农业生产结构来看，乡村人才主要集中在传统第一产业，而从事规模农业生产经营和现代服务业的人员较少。这种人才分布不均的状况使得乡村在二三产业的发展上缺乏足够的人才支撑，限制了乡村经济的多元化发展。二是高素质农民与农村实用型人才的数量严重不足，高端技术人才同样稀缺，并且极度缺少那些既精通技术又擅长管理的复合型人才。根据 2018 年全国农村固定观察点对 80 593 名农村居民的调查，仅有 7.1% 的乡村居民接受过各类高素质农民培训。接受过现代青年农场主培训的乡村居民，在全国各地区仅占 1% 左右。仅有 2.2% 的农户接受过乡村实用型人才带头人培训，有 1.1% 的农户接受过新型农业经营主体带头人培训，1% 的农户接受过农机大户和农机合作社带头人培训。这种人才"荒芜化"的现象，严重制约了乡村振兴战略的深入实施和乡村经济的持续发展。为了破解这些人才结构性瓶颈，我们需要采取有效措施，加强乡村人才队伍建设，优化人才结构。

2. 人才年龄结构分布失衡　我国目前农业从业人员呈现出老龄化的趋势。一是根据全国人口普查数据，1996 年中国 60 岁以上的老年人占农业从业人员的比率约为 8%，至 2016 年，这一占比达到了 22%。随着我国农村老龄化、空心化趋势日益加剧，乡村人才后备不足的问题更加明显。第七次全国人口普查的结果显示，全国有 30 个省份 65 岁及以上老年人口占比超过 7%。人才短缺使得乡村的生产能力持续下降，乡村发展失能，无法助推乡村振兴的实现。二是在西部地区的农业生产经营队伍中，年轻力量尤为显著，其中 35 岁及以下的青年占比超过 20%，形成了一股充满活力的新生力量。然而，当我们将目光转向东部、中部地区时，一个截然不同的景象浮现：36 岁以上的农业生产经营人员占比高达 80% 以上。这一对比鲜明的数据，不仅凸显了当前乡村人才在年龄结构上的整体偏高问题，更深刻地揭示了乡村青壮年劳动力流失的严峻现实。如果我们不能及时有效地加强对乡村青年人才资源的培育、开发与管理，那么乡村人才断层的风险将日益凸显，这不仅会影响到乡村农业生产的效率和质量，还可能对乡村经济的持续健康发展带来严重阻碍。因此，我们必须高度重视这一问题，采取有效措施，积极吸引和培养乡村青年人才，为乡村的振兴和发展注入新的活力（张新勤，2021）。

（四）"育"才难：人才培养机制不完善

1. 培训体系不健全，培训资源匮乏　乡村人才短缺及培训不足的现象是多重因素长期交织、反复影响的结果，深受"环境条件、资源分配、发展机会"等多重限制。一是无论是上级派遣的人员还是吸引回乡的本土人才，其数量均显得捉襟见肘。而下派的工作队伍，虽能在一定程度上缓解人才短缺的燃眉之急，却如同为贫血者临时输血，难以从根本上解决问题。二是当前乡村人才培训和教育的资金支持不够，缺乏有效的扶持政策和激励保障措施，影响了乡村人才的培养和发展。乡村人才培养与需求脱节，现有的人才培养方案可能没有很好地与乡村地区实际需求相结合，导致培养出的人才不符合乡村发展的实际情况。三是乡村人才评价和激励机制不健全，缺乏有效的职务晋升、职业资格认定等措施，限制了乡村人才的发展空间。乡村人才流动机制不畅通，缺乏有效的人才流动政策，使得乡村人才难以在更广阔的领域发挥作用。因此，要打破乡村人才振兴的困境必须采取标本兼治的综合措施，全方位、多角度地培育各类乡村人才，既要增加人才总量又要提升人才质量，同时优化人才结构，全面提升农民的知识水平和专业技能，为乡村的持续发展注入源源不断的活力。

2. 人才培养与实际需求脱节　要加快推进农民的职业化进程，这是我们的当务之急，要尽快地从传统农民、返乡农民工、退伍军人中培养高素质农民，使他们成为提升小农户、带动小农户的有生力量。农业从业人员受教育程度来看，截至 2021 年，大专及以上的农业从业人员的占比很低，只有 0.9%，小学文化程度的占比约 37.4%，初中文化程度的占比约 48.6%，高中文化程度的占比约 6.6%，文盲约 6.5%。从第三次全国农业普查的数据来看，我国小农户的劳动生产率，是世界平均水平的 64%，仅仅是欧美发达国家的 2%，很难在大宗农产品的生产上获得竞争优势。2023 年，北京农业职业学院院长范双喜在接受《光明日报》采访时指出，全国职业院校 70% 以上的学生来自农村，全国 1.23 万所职业院校开设的 1 300 余个专业和 12 万余个专业点，基本覆盖乡村振兴各个领域。相较于普通高校学生，涉农职业院校或专业毕业生更应成为乡村振兴的重要力量，然而这一群体"离农"现象仍较为突出。"尽管涉农院校有培养能力，但学生选择涉农专业的人数不多，即使在国家优惠政策吸引下学习了涉农专业，但很多又通过转专业、升学等方式离开，毕业后也大多不愿从事农业农村工作。农业后继者培养乏力，难以满足乡村振兴人才需求。"

三、人才评价与激励机制不完善

人才激励和保障机制的不完善正成为制约乡村全面振兴的关键因素。乡村人才保障激励机制的欠缺，不仅体现在基础设施、社会保障体系的滞后上，更反映在科技人才薪酬偏低、福利待遇缺失、绩效考核机制模糊等深层次问题上。乡村人才政策的保障力度不足，培训和教育资源匮乏，严重限制了人才的培养与发展。加之乡村治理体系尚不完善，村干部老龄化、思想观念守旧，治理手段和方法缺乏创新，使得乡村治理难以有效应对复杂挑战。尽管政府已出台多项政策措施，但由于制度性瓶颈和执行力度不够，政策效果并不明显。因此，我们必须正视这些问题，采取有效措施，完善人才激励和保障机制，推动乡村治理体系现代化，为乡村全面振兴提供坚实的人才支撑和制度保障。

（一）激励机制不健全

尽管近年来我们在农村领域的投资持续增长，但乡村发展仍面临一系列严峻挑战，这些挑战不仅关乎基础设施完善，更涉及人才激励与保障机制的构建。一方面，乡镇的基础设施建设、供排水设施、信息系统及相关社会保障体系等方面均需进一步完善。乡镇的人口结构特征、文化背景、经济状况以及社会发展的多元需求也亟待满足，乡镇劳动力市场的优化同样刻不容缓。这些基础设施和公共服务的滞后，不仅影响了乡村居民的生活质量，也制约了乡村经济的持续发展。另一方面，科技人才在乡镇遭遇的困境不容忽视。薪酬标准偏低、福利待遇缺失以及绩效考核机制不明确等问题，导致科技人才的辛勤付出未能获得应有的认可与回报。这种状况不仅使他们的收入难以支撑日益增长的生活开销，更引发了一系列负面影响，如难以承担家庭责任、赡养老人及抚养子女的经济压力。这些困境不仅挫伤了科技人才的积极性，也加剧了乡村人才的外流现象。乡村发展面临的挑战是多方面的，既包括基础设施和公共服务的滞后，也涉及人才激励与保障机制的不足。为了推动乡村全面振兴，我们必须正视这些问题，采取有效措施加以解决，为乡村发展提供坚实的人才支撑和制度保障。

（二）社会保障体系不健全

由于乡村经济发展水平普遍较低，乡村人才培训和教育资金支持不够，导致无法提供充足的培训机会和高质量的教育资源，从而限制了人才的培养和发展。当前，我国乡村人才开发也面临着一些挑战，其中包括各级政府部门对乡村人力资源开发的认知程度不足，以及对乡村人才开发的重视程度不够。此外，由于历史遗留问题和体制机制的限制，许多人才政策难以在乡村地区得到有效实施。乡村人才队伍建设的资金来源不稳定，投入规模和数量也有限。例如，村级农技员的工资待遇通常较低，且技术培训经费难以保障，这限制了农业生产一线科技人员的技术提升。同时，乡村地区缺乏对人才的吸引力，包括经济激励、职业发展机会等导致人才流失，特别是年轻和有技能的人才更倾向于流向城市地区。当前，即使存在一些支持乡村人才发展的政策，但由于执行力度不够、效果不明显，导致政策无法真正落到实处，乡村人才的实际问题得不到解决。

（三）人才评价标准单一

在乡村人才振兴的进程中，人才评价标准的制定与实施扮演着至关重要的角色。然而，当前乡村人才评价标准却呈现出单一化的趋势，这一问题严重制约了乡村人才的合理评价与有效利用。乡村人才评价过分强调学历、职称等硬性指标。在当前的评价体系中，学历和职称往往被视为衡量人才能力的重要标尺。然而，这种评价方式却忽视了乡村人才的多样性和特殊性。在乡村地区，许多人才可能并未接受过高等教育或获得高级职称，但他们却拥有丰富的实践经验、独特的技能和深厚的乡土情怀。这些人才在乡村发展中发挥着不可替代的作用，但他们的能力却往往因为学历和职称的限制而被低估或忽视。乡村人才评价忽视实际能力和贡献，导致人才评价不公。为了改变这一现状，我们需要建立更加科学、全面、公正的人才评价标准。在评价过程中，除了考虑学历、职称等硬性指标外，还应该注重考察人才的实际能力和贡献。通过引入多元化的评价方式和手段，如实地考察、案例分析、专家评审等，从而全面、客观地评价人才的能力和贡献。同时，我们还应该建立健全的人才激励机制，对在乡村发展中做出突出贡献的人才给予充分的认可和奖励，以激发他们的工作积极性和创造力。只有这样，我们才能更好地发现和培养乡村人才，为乡村振兴提供坚实的人才支撑。

四、乡村治理体系与人才政策不匹配

乡村治理体系作为乡村振兴的基石，其现代化和科学化程度直接影响到农村地区的经济社会发展。然而，一些地区的乡村治理体系滞后，村级干部年龄老化、思想观念陈旧，难以适应新时代乡村治理的需求。同时，人才政策与乡村治理体系之间的脱节，更是加剧了这一困境。乡村人才政策的制定往往忽视了本土人才的培养与激励，而过分依赖外部人才的引进，导致人才流失和资源浪费。此外，乡村治理体系在人才运用方面也存在机制不畅、激励不足等问题，使得人才政策难以有效落地。

（一）人才政策与乡村治理体系脱节

当前，乡村振兴战略所面临的重大挑战之一，即乡村人才政策与乡村治理体系之间的不协调。这种不协调不仅妨碍了乡村人才的吸引与留存，也限制了乡村治理能力的增强和乡村振兴战略的全面实施。首先，现行的乡村人才政策主要关注于吸引高层次人才，却对本土人才的培育与激励措施不足。这导致了高层次人才难以在乡村地区稳定发展，同时本土潜在人才也未能得到充分地挖掘与支持。政策的这种倾向与乡村治理体系的实际需求不相吻合，进而导致乡村治理缺乏必要的人才支持。其次，乡村治理体系在人才运用方面存在机制不顺畅、激励措施不足等问题，这限制了人才在乡村治理中的主动性和创新性，也使得人才政策难以落实。例如，在人才选拔、任用和考核方面，一些地区缺乏科学性和公正性，导致人才流失和资源浪费。为解决这一问题，必须加强乡村人才政策与乡村治理体系之间的衔接。一方面，需完善乡村人才政策，重视本土人才的培育与激励，同时改进高层次人才的引进机制，确保人才能够真正地在乡村地区扎根并服务乡村；另一方面，需要改革乡村治理体系，建立和完善人才使用机制，提升人才在乡村治理中的参与度和满意度。此外，还需加强政策的宣传和执行力度，确保乡村人才政策和治理体系得到广泛认知和有效执行。只有这样，才能实现乡村人才政策与乡村治理体系的有效衔接，为乡村振兴提供坚实的人才支持和治理保障。综上所述，解决乡村人才政策与乡村治理体系脱节的问题，是实现乡村振兴战略的关键所在。

（二）乡村人才队伍建设不足

1. 农村基层人才队伍建设有待加强　一些地区的村级干部普遍遭遇年龄结构老化、思想观念陈旧的问题，对新现象和新理念的适应速度较慢，这显然已成为乡村治理体系现代化进程中的重大障碍。一是村级干部团队结构僵化，缺乏年轻力量的注入，导致治理手段和方法缺乏创新，难以有效应对乡村治理中出现的复杂挑战。尽管多地区政府已经实施了多项政策和措施，旨在鼓励人才向乡村流动、吸引有能力的人才回乡创业，以企业之力推动乡村发展，但受限于制度性障碍，这些主体的创新潜力尚未得到充分发挥。二是部分地区的乡村治理体系在制度建设方面存在明显不足，如制度框架不完整、不健全，难以从根本上改善农民的生活状况。在政策执行层面，由于缺乏具体的实施细则和健全的监管机制，部分政策在执行过程中出现了偏差或未能得到有效实施，这不仅削弱了农民的生产积极性，也严重限制了乡村经济的繁荣发展。

2. 乡村公共服务人才队伍存量低　在公共服务领域，人才引进数量不足，特别是在乡村教育、乡村卫生健康及乡村公共法律服务方面，专业人才储备量较低。首先，乡村医生、乡村教师和乡村律师面临行业壁垒，必须取得相应资格证书才能获得从业资格，这增加了从事这些行业的难度。其次，目前云南省乡村公共服务领域中，大量工作人员未纳入正式编制，尽管他们的工作职责与正式员工相同，但薪酬水平却存在显著差异。这种状况导致部分非编制员工的工作积极性下降，出现消极怠工现象，同时，一些合同工因薪酬待遇较低而选择离开，从而导致人才流失。最后，乡村医生、乡村教师和乡村律师的工作环境、晋升机会以及就业保障等方面与城市相比存在较大差距，这使得有经验、有资历的专业人员更倾向于流向城市，进一步加剧了人才流失。

第七章

乡村人才振兴战略的实施重点

为破解乡村人才振兴面临的瓶颈制约，可从"引、育、留、用、塑"五个维度明确新时代新征程实施乡村人才振兴战略的重点任务。

一、"引"人才：变"方向迷茫"为"方向准确"

（一）"引"就是找准方向，多条渠道"引人才"

从农村实际出发，乡村人才的成长尚需时日，外部力量的引入在人才集聚中起着关键作用。通过引进外部优秀人才，不仅能直接促进农村发展，而且能指导和加速本土人才的培育。乡村振兴对人才有特殊需求，必须打破人才单向流向城市的局面，重点吸引青年大学生、返乡创业者和社会贤达，实现人才回流，推动农村乡村人才的集聚和成长。

1. 吸引青年大学生和农业科技人才回乡，重点培养新农人和农村创业者　本文 2024 年调查问卷结果显示，受访对象中户籍来自农村的农业科技人才占比为 56.07%，投身乡村振兴工作意愿较强的占比为 40.46%，并且有党员身份的占比为 36.42%。因此，针对农村出身的高校毕业生，应通过完善相关政策、建立畅通的人才回流渠道、修订相关法律和制度，保障其各方面的需求，解决他们回乡发展的顾虑，积极鼓励其返乡投身农业现代化建设。通过提供就业支持、创业激励和生活保障等措施，为青年大学生创造良好的发展环境，引导其将所学知识和技能应用于家乡建设，为农业现代化注入新的活力和动力。此外，对因上学而户口迁出的返乡创业青年，允许其恢复原籍农村户口，实现"非农转农"，并将党员身份转至当地村级党组织，参与乡村党建工作。

2. 建立政府—乡村—高校"三合一"运作模式，引入高校专业人才和科研人员为乡村提供优质支持，帮助乡村引入新技术和管理方法　加强"校村"人才供需服务，积极推荐学生到乡村实习或就业，促进优秀学生就业。招募有专业技术实力的专家教授到乡村开展科普教学活动，引入高端人才和先进技术，设立专家指导站支持乡村发展。通过互联网招聘、广告宣传、人才交流中心等多种方式广泛招聘高水平人才，挖掘经验丰富、知识深厚的专业人才，提升新时代乡村团队素质（刘亢和宁如，2017）。

3. 多方聚才，鼓励引导各界人才投身乡村，并大力营造吸引人才回乡创业创新的良好环境　除依靠乡情乡愁吸引人才外，更要以事业发展为引领，各地应因地制宜，制定适合当地资源和特点的项目，为回乡人员提供创业机会。鼓励他们创办家庭农场、农民专业合作社和农业龙头企业，发展特色农业和新兴乡村产业。在有条件的地区推动乡镇农业示范园和工业园区建设，吸引返乡人员投资创业来激发其创业热情和创新活力（蒲实和孙文营，2018）。

（二）健全引才机制，完善激励机制

为确保乡村人才更好地服务乡村发展，需精准把握人才需求，实施更加有针对性的引才政策，健全人才入乡机制，确保引进的人才与乡村振兴项目有效对接、相互促进。在支持农民工和农村大学生返乡创业方面，通过简化政策流程、提供优惠措施，为乡村经济注入新的活力。同时，为鼓励专业人才和党政干部投身乡村服务，制定兼具规范性、激励性和考核性的政策，并通过职称评定、薪酬福利等激励机制，保障人才扎根乡村。还需构建完善的支持保障体系，为入乡人才提供住房、医疗、子女教育等全方位的生活保障，确保他们的职业发展路径顺畅，助力乡村人才长期稳定地服务和发展，提升整体生活质量和发展机会。

1. 明确乡村振兴的人才需求，让引才更精准　摸清乡村振兴的人才需求，实现精准引才，防止人才错配现象发生。完善人才与项目相互促进机制，让引进的人才更好服务乡村振兴项目。同时，还要落实支持政策，包括简化准入审批流程、提供税费减免等优惠措施，并加强综合服务保障。应允许符合条件的公职人员返乡任职，以充分发挥其经验和能力。此外，还要加快工商资本参与乡村振兴的步伐，完善相关政策体系，保护农民的合法权益。这些措施将为返乡创业者提供更为有力的支持，吸引更多人才回乡创业，推动乡村经济持续发展。

2. 制定兼具规定性、激励性和考核性的政策，鼓励专业人才和党政干部到乡村服务　专业人才的乡村服务可与职称评定、薪酬待遇、津贴及社会保障等挂钩，支持离岗创业和兼职兼薪；对于党政干部和公职人员到乡任职，可与干部交流、晋升、薪酬福利及休假安排等相关联，重点选拔在基层和困难地区锻炼的干部。以实用为导向，激励各类人才深入乡村服务，提供技术培训、咨询与服务。政府应根据服务对象及实际效果，实行差异化激励政策，促进人才下沉服务乡村发展。

3. 构建完善的支持与保障机制，为入乡人才提供充足的发展平台和生活保障　通过优先安排住房、医疗、子女教育等福利措施，确保引进的人才能够稳定生活。同时，应为入乡人才开设职业发展通道，在职称评定和职业晋升等方面提供优惠政策，确保其在乡村具备持续发展的动力和机会。完善社保关系转移接续机制，为返乡人员及其家属提供便捷参保。

（三）建立人才定期服务乡村机制，用好人才考核评估机制

创新农村人才考核评估机制对树立正确的用人导向、激励人才返乡创业、激发创新热情及实施人才强村战略有重要意义。随着乡村振兴战略的深入推进，农村人才发展的环境正发生深刻变化。为应对这一新形势，各地应结合常规评价与专项评价，建立"事农为荣、入乡为耀"的人才评价体系。通过引入新理念，强化各地考核评估的引导作用，推动乡村人才发展。

1. 建立人才定期服务乡村机制使各类人才充分助力乡村振兴　建立城市医疗、教育、科技、文化等方面人才定期服务乡村制度，支持并鼓励各地区符合条件的事业单位员工、科研人员按照国家规定到乡村和涉农企业创新创业。地方应鼓励整合各领域外部人才成立乡村振兴顾问团，支持引导退休专家和干部为乡村振兴提供服务。中小学教师晋升高级职称原则上要求具备 1 年以上农村基层工作经历。国家应建立医疗卫生人员定期到基层和艰苦边远地区从事医疗卫生的工作制度。医师晋升为副高级技术职称的，须具备在县级以下或对口支援医疗卫生机构提供服务 1 年以上的经历。支持专业技术人才通过多种形式到基层服务，累计超过半年将作为职称评审、岗位聘用的重要依据。对县乡事业单位专业性强的高层次人才，可采用协议工资、项目工资、年薪等方式分配薪酬①。

2. 有效运用人才考核评估机制优化人才队伍结构、激发人才潜力　建立科学评估标准和指标体系，定期开展评估，提供及时反馈，并制定个性化发展规划和培训计划，同时有效地设立激励与奖惩机制，促进人才间交流与合作，持续优化评估机制，以确保人才发展与组织目标高度契合，实现整体效能的不断提升。这些举措有助于激励人才持续成长、提升工作效率，推动乡村振兴事业蓬勃发展，为建设富有活力的乡村振兴人才队伍注入动力。

二、"育"人才：变"人才匮乏"为"人才济济"

（一）"育"就是对标先进，千方百计"育"人才

乡村人才类型多样，基础能力参差不齐，其培育应分类推进、因材施策，重点打造"新三农"人才队伍。通过培训提升一批有丰富农业生产实践

---

① 　2021 年，中共中央办公厅、国务院办公厅印发《关于加快推进乡村人才振兴的意见》。

经验的"老农"，这些长期扎根乡村的人才熟悉乡村实际情况，生产经验丰富；再培育一批返乡创业的"新农"，包括具备专业知识的新型农业经营主体，如家庭农场主和种植、养殖大户；储备一批受过高等教育、具备专业知识的"知农"，并探索高校农科类公费招生试点，培养更多面向农业发展的定向人才。

首先，要与产业发展相适应，与行业专业对接，加强急需领域的人才培训。紧密围绕乡村优势产业，调整资源配置、推动紧缺专业课程建设，设立实践教学基地，聘请高水平专家教学团队，开展专业课程培训以提升乡村人才能力。其次，重视重点领域高层次、高素质人才的培养与储备，政府应根据乡村需求制定长远人才培养计划，提高企业人才培养质量，聚焦乡村高新技术产业。同时，加强信息技术的应用，推广信息化教育和远程培训，完善社会保障体系，提高乡村生活质量，吸引人才留在乡村。最后，践行"因需施教"原则，个性化分类培养，根据岗位需求和个人实际情况定制科学培训内容和计划，加大培训力度，拓展培训面向，注重课堂教学与实践相结合，推行专家与人才结对活动（王金敖，2022）。

（二）加强农民教育培训，健全农民教育培训体系

加强农民教育培训与体系建设，旨在提升农民的科技应用、经营管理和市场竞争力，以适应现代农业发展需求。这一举措不仅推动农业科技进步，促进农村经济多元化，也为产业脱贫提供支持。通过完善教育培训体系，培养适应新产业需求的复合型人才，加速乡村振兴战略的实施，构建终身学习型社会，为农业农村现代化提供坚实的人才支撑与智力保障。

1. **健全完善农民教育培训管理机制**　强化统筹协调，协同推进农民培育计划、"头雁"项目和农村实用人才带头人培训计划，以村党组织书记和新型农业经营主体带头人为重点，分层分类、结合长短期开展培训。要优化项目管理，重塑农民培育计划，系统性提升重点人群的素质和能力。研究制定高素质农民的培育标准体系，完善规范，强化教材管理，明确通用教材清单。对社会机构的管理，要尽快出台承担农民培训财政项目的标准和评价办法，推行资质认证和分级管理，确保优胜劣汰。注重提升参与高素质农民培育工作社会机构的负责人、老师和教学管理人员的业务能力水平，以提高农民教育培训工作效果。

2. **加强公益性农民教育培训机构建设，加快健全机构改革机制**　指导各地建设强势独立办学的农民广播电视学校，夯实合署办公农广校职能，挂牌恢复撤销的农广校，引领有序转型、健康发展。优先支持农广校承担农民教育培训任务，加强工作体系、制度建设、经费投入保障，发挥其主体作用（农业农

村部科技教育司，2024）。将农广校等公益机构办学经费纳入各级财政预算，加强基础设施建设。开展农民教育培训管理人员培训，宣传中央关于农民教育培训的部署精神和农业农村部工作要求。

3. 根据市场和经济社会发展需求，整合涉农培训资金和资源，采用政府购买服务和探索 PPP 模式[①]　以农民广播电视学校为基础，吸纳中高等院校、科研推广机构和市场教育培训机构参与。根据培训规模和质量，委托农民培训补贴资金给各培训机构，强化效果考核和内容指导。培训机构自主招生、运营和盈亏，利用农业园区、企业和合作社作为实训基地，满足农民多样化培训需求，构建"一主多元"农民教育培训体系（彭超，2021）。

（三）完善农民培育支持政策，分类建设高素质农民队伍

推动农民培育工作需要完善政策支持，提供涵盖农业生产、科技应用和市场营销等多领域的培训，提升农民综合素质。通过优化乡村教育资源配置和设立激励机制，如奖励和创业支持等，激发农民参与的积极性。还应坚持农民主体地位，培养高端农业人才和职业农民，畅通人才发展渠道，促进乡土人才与专业技术人才的融合。针对经验丰富的"老农"，应设计符合其需求的课程，帮助其掌握现代技术，推动农业生产向现代化转型。

1. 在全面推动农民培育工作的过程中，有必要完善支持政策以提升其效果　首先，提供全方位的培训机会，覆盖农业生产、科技应用、市场营销等领域，以提高农民的技能和知识水平。其次，应优化教育资源配置，强化乡村教育资源建设，提升教育质量，以便为农民提供更广泛的学习机会和教育支持。同时，建立激励机制，设立奖励制度以鼓励农民参与培育活动，提高培训成效，设立奖学金和荣誉称号，以激励其学习热情。此外，提供创业支持和技术服务，引导农民改变观念，积极参与农业产业发展，提升生产效率和产品质量。最后，建立健全的保障制度，完善农民社会保障，包括医疗保险和养老保险，以确保农民基本生活需求，提高其参与培育活动的积极性。通过这些综合措施的整合，有助于促进农民素质和技能水平的提升，推动农村经济发展，实现乡村振兴的愿景。

2. 必须坚持农民主体地位　坚持农民主体地位，激发广大农民的积极性、主动性和创造性，确保他们平等参与发展、共享发展成果，成为乡村振兴的主要推动者和受益者。要综合提升农民素质、拓宽发展机会、促进增收，推动农民全面发展。实施农民素质优先提升工程，重视培养"土专家""田秀才"等有技能的农民，同时培养高端农业科技人才、职业经理人。加快建立职业农民

---

① PPP 模式即政府和社会资本合作模式。

制度，畅通乡土人才与专业技术人才的职业发展通道。根据不同层次制定人才评价标准，加大对乡土人才的表彰和激励力度。

3. 培育经验丰富的"老农"　这些农民通过多年农业生产积累了丰富的实践经验，但受限于文化水平，他们在接受和应用新理念、新技术方面面临一定困难。因此，通过设立"农业老年班"，调查"老农"们实际需要的课程，课程设计充分考虑他们的实际需求和认知特点，旨在系统性提升他们的耕作技术和生产技能，帮助"老农"们在实践中灵活运用新技术，从而实现生产力的稳步提升，推动农业生产的现代化转型。

三、"留"人才：变"点上改善"为"系统完善"

（一）着力优化人才环境，确保乡村留住人才

乡村人才引进、培育、利用的关键在于能留得住，以确保乡村可持续发展。为此，创造良好的发展环境至关重要。地方政府应为乡村人才提供向上晋升和向外发展的机会，同时应优先考虑改善薪资待遇，激发乡村人才的生产积极性，为乡村发展不断注入新鲜血液。

1. 营造良好的乡村干事创业环境至关重要　鼓励向乡村倾斜事业编制、职称评定和经济待遇资源，把基层锻炼作为干部培养的重要途径。制定乡村人才引进和财税优惠政策，深化农村集体经济组织改革，允许返乡创业人员加入集体经济组织，促进城乡人才自由流动。推动农村集体产权制度改革，逐步允许城市落户农民将农地和住房流转给返乡创业者。借鉴"最多跑一次"的改革经验，推进乡村行政审批一体化，以工商登记制度改革为突破口，试点集中审批权，探索财税减免和土地流转等行政事务改革。

2. 为促进城乡基本公共服务的均等化，需要加强乡村公共基础设施建设并加大投入力度　在住房条件改善、交通便利性提升以及医疗卫生服务提高方面向乡村人才倾斜。此外，通信、网络、教育、文化和环境治理等领域也亟待改善。为此，应加强城乡义务教育的统一发展，加快农村电网改造，提高网络覆盖率，并推进乡村美化工程。这些举措不仅能提升乡村人才对乡村公共服务的认可度，还能确保他们在乡村创业时获得充分支持。

3. 提升乡村的社会环境与文化氛围　应营造一个支持并鼓励乡村人才发展的社会环境，激发乡村人才的内生动力。通过组织文化活动和社区活动，丰富乡村文化生活，提升乡村的人文气息。同时，加强乡村治理能力建设，营造和谐有序的社会秩序，使乡村人才不仅能够在农村找到事业发展的机会，还能享受优质的生活。

（二）优化政策"软环境"

推动乡村人才振兴需优化政策环境，增强激励机制，促进人才自我发展。通过完善人才引进、培养、保障机制，增加优化政策的资金投入，改善生活工作环境，营造良好发展氛围。统筹特惠与普惠政策，扩大基础设施、教育、医疗等方面的覆盖，确保乡村人才无后顾之忧。加强多部门协同，简化决策程序，提升政策执行效率，激发人才扎根乡村发展的动力。

1. 创建供给、需求、环境相结合的政策工具体系 重视供给型政策的持续应用，保持现有政策的推动力；调整环境型政策的工具结构，打造健康外部环境；加大需求型政策的实施力度，创新激励机制促进农村人才自我发展，强化其"造血"功能。乡村人才队伍的建设需完善人才机制，加强人才保障，优化人才引进、培养、使用和保障机制，为农村创造留住人才的条件和空间，为人才提供便利的生活和工作环境。增加资金和科技投入，加强社会保障和权益保障，完善配套条件，营造有利于乡村人才发展的氛围。构建合理的政策结构，整合供给型、需求型、环境型政策工具，打造支持乡村人才发展的政策环境，积极、开放、高效地推动乡村人才振兴，促进人才素质提升和乡村发展（唐文丽，2024）。

2. 建立普惠式的政策受众模式 推动相关政策衔接，对乡村人才政策进行分类处理，加强统筹，总结相关经验，优化资源配置，从全局考虑制定能够让全体乡村居民受益、普遍惠及人民的乡村人才振兴政策。在发挥普惠式政策作用的基础上，合理利用普惠式政策做好乡村人才的全面培养与分类施策。围绕乡村全面振兴的需要，全方位培育乡村人才，实现乡村人才的提质增效，优化人才结构。切实做好乡村人才的保障，关注乡村人才的生活环境和发展空间，对农村的基础设施、教育、医疗等给予坚实保障。遵循乡村发展规律和人才成长规律，因地制宜、因时制宜采取差异化政策措施。尤其是在养老保险、医疗保障等方面对乡村人才有相应的政策倾斜，使乡村人才在建设乡村时能够无后顾之忧，愿意留在农村，全身心地投入乡村发展当中。

3. 构建多部门协调联动机制 在乡村人才政策制定过程中，首要任务是建立多部门协调联动机制。政策主体作为政策的制定者，应在考虑现实因素的前提下，充分利用自身资源，拓宽与其他部门的沟通渠道。推动确立多部门联合协作的机制和理念，通过多方沟通与资源协调，保障乡村人才政策的顺利实施。简化决策程序，提高政策制定效率，建立牵头与引导相互联结的机制，最大程度发挥各部门功能。充分考虑乡村人才建设的复杂性和多样性，实地考察、了解现实情况，以确保政策符合实际需求，将提高政策质量和切实执行作为联合目标，增强政策执行效率和效力，实现政策间的最佳协调，发挥政策合力，扩大乡村人才政策的实施效果和影响范围。

四、"用"人才：变"单人经营"为"全员经营"

（一）建立乡村产业发展平台

构建人尽其才的人才使用机制，充分发挥人才潜力，是乡村人才振兴的关键。2019 年《中共中央 国务院关于建立健全城乡融合发展体制机制和政策体系的意见》明确要求，特色小镇被确定为城乡要素融合的核心平台，打造创新创业生态圈，促进特色产业集聚。优化各类农业园区，提升农业现代化水平，促进农业高质量发展。完善小城镇功能，实现城乡互联互通，引入产业和公共服务，促进城乡融合发展。探索美丽乡村特色化发展模式，充分利用乡村资源，提升乡村品质。建立城乡融合典型项目，设立城乡融合发展基金，吸引社会投资主体参与，培育国家级示范项目，推动城乡融合发展，为乡村人才提供更广阔的产业平台和发展机遇。

（二）建立农村创新创业平台

建立农村创新创业平台，整合乡村人才资源，构建新产业新业态培育机制。通过农村一二三产业融合发展体系，利用"互联网＋"和"双创"推动农业生产经营模式转型。完善乡村旅游、休闲农业、民宿经济、农耕文化体验、健康养老等新业态培育机制，探索农产品个性化定制服务、会展农业、农业众筹等新模式。加强农村电商支持政策，促进城乡生产与消费对接。制定便利市场准入、加强监管政策，推动乡村新产业提升服务环境和品质。在年度新增建设用地计划中支持一定比率的乡村新产业新业态发展，探索混合用地等方式，严格管理农业设施用地，满足合理需求。

（三）建立农村公共服务平台

积极构建乡村人才主导、多主体参与的公共服务供给体制，推动乡村治理体系和治理能力现代化。乡村人才的作用将逐渐从完全依赖政府供给转变为与市场、非营利组织协作的有限参与者，进一步发挥市场在资源配置中的基础性作用。借助市场和非营利组织的高灵活性和专业性，鼓励乡村人才积极参与公共服务供给，弥补政府在公共产品供给中的不足，提升公共服务质量。构建多元主体协同参与的农村公共产品供给体系，实现乡村人才与政府、市场、社会的协同发展。这种多元化的公共服务体制不仅有助于更有效地发挥乡村人才的专长，也能进一步推动乡村发展，全面提升公共服务水平。

建立健全的农村公共服务供给决策机制，实现"自下而上和自上而下相结合、以自下而上为主"的决策模式，促进农村公共服务的合理供给。赋予乡村人才对公共服务的选择权，以满足其差异化需求，确保供给服务的精准性与有效性。加强制度建设，创新相关机制，确保基层政府高效透明运转。建立以乡村人才为核心的评价体系，将村民满意度作为评价指标之一，以提升服务质量。在人才评价和绩效考核中增加基层群众评议权重，以生态、文化、教育、基础设施等长期指标纳入评估依据，严格整治虚假工程和资金浪费问题，提高资金使用效益，精准投入。引入乡村人才，充分发挥其专业特长，推动公共服务更好地满足乡村人才及村民需求，促进乡村振兴和可持续发展。

五、"塑"人才：变"人心多向"为"上下同心"

民族要复兴，乡村必振兴。乡村要振兴，文化为引领。培养乡土文化能人和各类文化活动骨干，壮大乡村文化人才队伍对于提升乡村社会文明水平、改善农民精神风貌至关重要。建立健全乡村人才发展机制，优化发展环境，加强基层文化队伍培训，培养懂文艺、热爱农民的乡村文化人才。通过举办文化活动、开设培训班、组织采风等方式，拓展乡村文化人才视野，提升文化服务能力，积极参与公共文化服务，充分发挥乡村文化人才在乡村文化振兴中的作用，让乡村文化人才展现才华、展示实力。

（一）人才塑心，以人才凝聚力量

首先，强化乡村人才政策支持，实现"人心多向"变为"上下同心"的合作共赢局面。制定有针对性的乡村人才政策，包括引进、培养、激励等方面的支持政策，为乡村人才振兴提供政策保障。其次，激发人才归乡意愿至关重要，通过政策引导和激励措施，吸引优秀人才回乡发展，建立良好的人才流动机制和支持体系，使人才愿意在乡村实现个人发展和乡村振兴目标。此外，建立合作共赢机制也至关重要，促进乡村与城市、企业与农户、各类人才之间的合作共赢关系，打破地域界限，促进资源、技术和人才的有机流动和共享，吸引更多人才为乡村振兴事业贡献力量。

（二）文化铸魂，以文化塑造人才

在乡村振兴的道路上，文化为乡村人才的塑造，扮演着不可或缺的角色。文化的熏陶不仅为乡村人才注入灵魂，而且为他们的塑造和发展提供了独特的动力和方向。通过传承与创新的结合，乡村人才在文化的滋养下茁壮成长，激发创意、培养正确价值观念，并将智慧与智能融入乡村振兴的实践中。文化的引领和影响使乡村振兴人才在面对挑战时保持着冷静、睿智，为乡村振兴事业注入新的活力。通过文化的深入熏陶和拓展，乡村人才的视野得以拓展，创意得以激发，价值观得以引领，人文情怀得以关怀。教育培训、文化活动和社区参与等方式不仅拓展了乡村人才的视野和知识面，而且促进了他们之间的交流合作和团队精神的培养。

第八章

乡村人才振兴分类施策的主要路径

聚焦"引、育、留、用、塑"五字经，乡村人才振兴可从农业生产经营人才队伍建设路径、农村二三产业发展人才队伍建设路径、乡村公共服务人才队伍建设路径、乡村治理人才队伍建设路径以及农业农村科技人才队伍建设路径等五条路径分类施策，逐步打造出一支专业化、多元化的人才队伍，不断增强乡村可持续发展动能，实现人才供给与乡村发展需求的高效衔接。

一、农业生产经营人才队伍建设路径

（一）加强高素质农民队伍建设

推动高素质农民队伍建设应重点培育创业创新，支持具备农业生产和经营能力的农民。通过创新体制机制，加强用地、信贷、税收优惠和社会保障，确保资金有效流入农业领域。兼顾技能训练与经营指导，优先试点企业化行业，强化经营管理、财务和法律培训，并通过风险投资路演等方式加强金融对接。赋予农民现代市场主体和社会责任主体的地位，完善产权保护制度，营造公平竞争环境，推动农村产业升级和可持续发展。

1. **针对高素质农民的新需求，开展创业创新培育和扶持** 首先，应调整现有补贴政策，从传统的"培训导向"转向"培育导向"，重点支持爱农业、懂技术、善经营的高素质农民。为此，需加快体制机制创新，尤其在返乡创业用地政策上给予优先支持，并强化农业信贷担保体系，增加涉农贷款的投放，确保资金流向农业领域。其次，税收政策方面，应确保农村产业发展税收优惠政策的全面有效执行，为高素质农民返乡创业提供坚实的财税支持。此外，还需扩展支持措施，包括技术指导、市场信息、法律援助等综合性服务，以确保高素质农民在创业过程中获得全方位支持。这些举措不仅有助于激发高素质农民的创业热情，还将为农村产业转型升级提供强有力的推动力，促进乡村经济的可持续发展。

2. **兼顾技能训练和经营指导，丰富培育政策内容** 在高素质农民培训内容设计方面，应通过专项财政投入，开发经营管理知识的指导内容，强化其的财务、税收、金融知识和司法程序等实践训练。首先，优先选择企业化程度较高的行业和专业进行改进，进行试点项目，集中开发符合行业需求的经济、管理、法律、政策实践课程，逐步推广至其他农业领域。其次，探索财政奖励和人事管理机制，在涉农高等院校和研究单位设立经济管理和法律法规推广教授、研究员岗位，负责区域行业的经营指导工作，与农民面对面交流，实现从理论传授到专业服务的转变。课程设计应包括学员项目介绍和路演，通过风险投资路演、私人董事会等形式，邀请投资人、银行贷款部门等与高素质农民进行实时业务对接。

3. 把高素质农民塑造为现代市场主体和社会责任主体 在支持高素质农民发展过程中，需要减少不必要的干预。在"人、地、钱"方面的政策应保持稳定性。政府应在规划引导、政策支持、市场监管和法治保障方面发挥积极作用，营造公平的市场竞争环境。强化高素质农民的现代市场主体地位，赋予农业农村经营主体完整的市场功能，包括财税、环境评估等方面。全面完善农村产权保护制度，特别是在农村土地承包经营权"三权分置"基础上，赋予承包经营权更为完整的产权功能，健全占有、处置、流转规则。强化高素质农民的社会责任意识，培养社会公德、职业道德、家庭美德和个人品德，强调社会主义核心价值观的引领。在农业生产安全、生态环境、食品安全等关键领域加强执法力度，增强高素质农民的法治观念，培养依法办事、遵纪守法的意识。

（二）加强家庭农场经营者的建设

推动家庭农场可持续发展，应加强职业培训，提升农场经营者的经营和抗风险能力，通过多层次培训使其获取前沿知识，推动农业现代化；改善土地流转环境，建立透明规范的市场，促进土地集约化利用，保障农民权益；提升农业机械化水平，研发适用的小型机械，推广机械共享平台，结合智能技术和财政支持，提升生产效率。

1. 加强职业培训教育 需要通过相关职业培训，帮助家庭农场主学习和掌握企业管理制度建设的知识，强化其企业管理能力，促进他们掌握各种技术手段，提高土地生产率。积极探索、建立有效的职业教育培训机制和农业技术知识传播机制，特别是丰富生产经营、农业技术和风险管理等实用农业技能培训，帮助家庭农场主获取更多元、更实用的技能和知识资源（陈德仙 等，2021）。进一步来说，亟须探索并建立一个有效的职业教育培训机制和农业技术知识传播机制。该机制应涵盖多层次、多领域的培训内容，特别是在生产经营、农业技术和风险管理等实用技能方面进行深入培训。这将帮助家庭农场主更好地应对复杂的市场环境，提高抗风险能力，并促进农业的可持续发展。此外，培训内容应注重多元化和实用性，确保家庭农场主能够获取最前沿的农业技术与管理知识，从而提升其生产经营水平，并在竞争激烈的市场中保持竞争优势。通过这些培训计划的有效实施，有望构建更加专业化、现代化的家庭农场管理体系，推动农业现代化进程，并促进农村经济的全面发展。

2. **改善土地流转环境** 为满足家庭农场适度规模经营，需要加快建立农业土地流转市场，培育土地流转服务主体。中间组织可提供土地流转信息，通过市场方式降低交易成本，营造良性土地流转市场环境（夏雯雯 等，2019）。应进一步强化土地流转市场的透明度与规范性，为确保土地流转市场的公开、公平，应加大市场监管力度，防止虚假信息传播以及不公平交易现象的发生。建议建立统一的土地流转登记制度，确保每一笔土地交易均有据可查，从而有效保障各方的合法权益。还需推动土地流转的集约化与规模化发展，为促进家庭农场的适度扩张，应大力倡导土地流转的集约化和规模化，通过土地整合与资源优化配置，减少土地碎片化现象，提高土地利用效率。支持土地流转后的现代农业发展，尤其是机械化耕作和科技农业，以提升农业生产力与经济效益。应建立健全土地流转的风险防控机制，鉴于土地流转过程中可能存在的风险，如土地兼并和农民失地等问题，建议设立专门的"农村产权交易中心"，并加强基层组织对土地流转的监督和管理，确保农民在土地流转过程中的权益不受损害，防止社会矛盾的激化。

3. **提升农业机械化水平** 各地应注重研发适合家庭农场的小型灵活机械，并且广泛推广已成熟的农业机械技术，以有效提高生产效率和质量。建立农业机械共享和租赁平台，能够通过降低设备购置成本，促进机械化的广泛应用，通过设立补贴和贷款等财政支持政策，进一步推动农民积极采用现代机械设备。推动机械化与智能技术的结合，将智能技术应用于农业机械，不仅能增强生产的自主性和精准度，还能够显著降低生产监督成本。通过完善机械维护及技术支持体系，确保设备长期稳定运行，从而提升农业劳动生产率。

（三）农民合作社带头人培育

乡村人才振兴离不开农民合作社带头人关键作用的发挥。应在本土选拔具备技能、高素质或经济实力强的农户，通过培训孵化推动其成长，确保合作社的持续更新与传承。借助高校、在线教育和交流机制，强化市场、管理、法律、电商等方面的培训，并通过考核与激励促进带头人持续创新。完善治理结构、优化管理、平衡风险与激励，推行绩效挂钩的分配制度，构建激励与约束并重的机制，保障合作社稳健发展。

1. **立足本土，孵化带头人队伍** 农民合作社长期扎根农村、亲近农民，是现代农业发展中最具亲和力的组织形式。合作社带头人的培养应符合当地政治经济发展的需要。大多数合作社带头人都是从农村实用型人才中崛起的，应及时发现和培养劳动技能强、专业素质高或经济实力雄厚的人才，为合作社带头人队伍储备人才。针对有意成立合作社的农户、家庭农场主和专业大户，开展教育培训和孵化工作，支持合作社带头人的崛起。营造农村创办合作社的良好氛围，鼓励每个人加入合作社并争取成为带头人，强调合作社带头人的更新和传承，确保合作社充满活力。

2. **培训交流，提升带头人队伍整体素质**　为了提升合作社带头人队伍的整体素质与能力，培训内容应全面涵盖市场意识、科学管理、法律知识、现代流通手段、现代电商和数据化教育等方面，重点在于为农民合作社的持续健康发展提供实用知识。通过与高校、科研机构等合作，探索适合合作社带头人参与的培训方式。有条件的合作社可邀请专家学者进行现场指导和教学，确保带头人及其成员能够充分接受知识传授和专业培训。此外，应建立持续性在线教育平台，提供灵活的学习途径，使带头人能够随时随地获取最新的农业管理知识和市场动态。通过设立带头人交流与合作机制，定期组织论坛和经验分享会，促进带头人之间的知识交流与合作，并根据实际需求提供定制化培训计划，确保培训内容的针对性与实效性。为激励带头人不断提升自身能力，还应设立考核与激励机制，通过定期评估与表彰，推动带头人在合作社管理中更加主动创新，从而为农民合作社的可持续发展奠定坚实基础。

3. **完善合作社的治理机制，确保带头人队伍的稳定性**　在现行法律框架下，深入探讨带头人治理合作社与民主管理的有效途径。通过合理设计管理结构有效平衡内部控制风险，同时充分发挥带头人的作用，确保合作社的长期稳定发展。在遵循《中华人民共和国农民专业合作社法》的基础上，通过进一步优化分配制度，将其与人才贡献和绩效挂钩。具体而言，允许技术、信息、管理等关键生产要素参与收益分配，从而激励那些对合作社发展做出特殊贡献的带头人（韩玉洁和徐旭初，2019）。此外，还应考虑建立带头人激励与约束并重的机制，通过定期评估与考核，不仅要认可带头人的贡献并给予其奖励，还要确保其在管理过程中持续保持高效与公正，进一步推动合作社的可持续发展。

二、农村二三产业发展人才队伍建设路径

（一）培育乡村企业家

通过完善乡村企业家培养机制，将乡村企业家纳入乡村人才发展规划，优化人才评价与激励机制，分类支持不同规模企业建立政企沟通机制，推动龙头企业发展。政府应引导企业家参加乡村振兴培训，支持创新与产学研合作，简化行政流程，增强市场活力，培养实战型企业家。健全企业家培养平台，建立农业企业家数据库，促进政策咨询与合作，推广龙头企业案例，营

造良好舆论环境。进一步加大政策支持力度，重点倾斜龙头企业，探索供应链金融和农业贷款，解决用地问题，完善人才服务体系，为乡村企业家提供全方位支持。

1. 完善企业家培养机制　首先，完善人才评价机制。将农业企业家培养和队伍建设纳入乡村人才发展目标和重点任务。综合考虑带动农民就业增收、引领农业农村现代化、促进农村创业创新等方面的贡献，建立与乡村产业发展需求、农业经济结构相适应的农业企业人才评价机制，形成重人才、用人才的良好氛围。对有突出贡献的优秀企业家、经营管理人才、高层次双创人才，可在职称评定时放宽学历、资历、年限等条件。其次，完善人才激励机制。针对不同性质、规模或地区的农业企业，分类施策、加大支持，使农业企业能够充分发挥自身优势吸引人才、培养人才，进行市场开拓和技术改革。提高农业企业家政治地位和社会荣誉，树立和宣传农业企业家先进典型，弘扬优秀农业企业家精神，组建优秀农业企业家队伍，让优秀农业企业家精神代代传承，对作出突出贡献的优秀农业企业家，按规定予以表彰。最后，建立政企沟通机制。不定期组织召开企业家座谈会，听取企业家对农业农村发展的意见建议，探讨促进企业家成长和龙头企业发展的思路措施。

2. 优化企业家培养方式　首先，政府引导。发挥政府的引导作用，鼓励企业家投身乡村振兴，支持企业家参加各类学习培训、交流合作活动。引导各级政府及农业相关部门，自下而上与自上而下相结合，加大企业培育和企业家培养力度，构建国家、省、市、县四级龙头企业和企业家队伍体系。其次，创新驱动。支持企业自主创新，加大国家科技计划对农业企业科技创新的倾斜力度，提高农业企业承担研发任务的比率。在农产品加工业研发体系技术集成基地建设中，将科研院所聚焦企业技术需求、开展科企联合攻关作为准入和效果评价的核心指标，引导科研单位与企业共同开展技术研发。支持龙头企业牵头组建产创联合体，完善企业与科研院所互相派人员挂职的双聘机制，鼓励科研人员以成果入股，促进创新带企业、企业促创新、产学研一体推进。鼓励大型龙头企业向中小农业企业开放共享资源，打造创新网络，通过创新驱动培养企业人才，推动企业发展。最后，市场主体。做好"放管服"改革的"减法"，换取市场活力的"加法"，激发企业发展内生动力，支持企业家在市场中健康成长，培育真正的实战企业家。

3. 健全企业家培养平台　首先，建立企业家数据库。了解农业企业家姓名、年龄、籍贯、学历、荣誉称号、参政议政、特长等情况，建立企业家人才库。其次，建立企业家智库。聘请政治素质高、饱含"三农"情怀、具有战略眼光的企业家担任智库成员，参与"三农"发展重大政策措施的研究，及时问计咨询，征求意见建议。再次，建立企业家联系制度。针对重点产业、重点企业，建立领导干部、科研专家联系制度，及时帮助解决企业发展过程中存在的困难问题。此外，建立交流合作平台。举办形式多样的"企企""科企""银企"对接交流活动，为企业创造更多的交流合作机会。最后，建立公共服务平台。支持公益服务和社会化服务机构发展，发挥好协会等社会服务组织作用，为龙头企业提供企业管理、品牌设计营销策划、质量认证、金融法律、检验检测、技术指导等专业化服务。推介龙头企业发展典型案例模式，讲好相关故事，营造全社会关心关爱农业企业家发展的舆论环境。

4. 加大企业政策支持力度　首先，在财政政策方面，制定支持乡村产业发展的各类项目资金政策，将联农带农紧、创新能力强、发展潜力大的龙头企业列为支持重点，给予倾斜支持。其次，在金融政策方面，探索财政撬动、金融投入支持乡村企业发展的机制，扩大农业担保贷款的范围和额度。以农业产业化联合体为支点，探索供应链金融支持企业和上下游合作社、家庭农场、农户共同发展的机制。再次，在用地政策方面，做好农村一二三产业融合发展用地政策解读，解决没地用、地难用、地方政府积极性不高等问题。最后，在社会环境方面，把农业企业家作为各类人才服务中心的服务对象之一，建立优秀农业企业家服务档案，完善优秀农业企业家的户籍、住房、社保、医疗、子女教育等配套政策，为其提供一站式服务。

（二）加强涉农企业人才培育

为提升涉农企业人才培养水平，需构建高效培训体系，引进优质人才，完善激励机制。通过信息化培训优化课程，培养生产和管理人才；引入高校科研力量，强化校企合作；建立激励制度，奖励农业领域突出人才，打造高素质农业人才队伍，助力涉农企业的可持续发展。

1. 构建科学的人才培训体系　提高涉农企业人才培训的信息覆盖率和内容时效性至关重要。通过培训工作，着重培训生产型人才和管理型人才，探索新的培养模式，加强基础设施建设，提升培育水平。建立人才培育示范基地，实现培训机构人员向高素质农业人才的转变。贯彻国家关于农业人才培养的管理办法，建立健全培训机制，提高培训质量，构建涉农企业特色的人才培训管理体系。科学构建人才培训课程体系，根据人才需求设置科学合理的课程，结合当地农业产业发展和人才情况，增设不同类型的课程，提高针对性，提升培训效率。

2. 引进高端人才　引进高校的专业人才和科研人才，为企业提供优质科研支持。引进新技术和管理方法，加强校企人才供需服务，推荐学生到企业实习或直接就业，促进优秀学生输出和就业。挖掘技术专家到企业从事科研活动，引入高端人才和先进管理经验，建立专家指导站，助力企业发展；利用互联网、广告、人才交流中心等多种方式途径，广泛引进管理经验丰富、行业知识能力强的专业人才。企业可根据专业和岗位对引进人才进行分类，制定职业规划和相关培训方案，实现"学有所专，学有所用"（张小娇，2021）。

3. 完善人才激励机制　涉农企业人才培育工作需要不断完善人才激励奖励制度。针对有突出贡献的农业人才，应提供激励奖励，加强农业生产管理人才队伍建设，促进企业发展。对取得重大成效的人员，应给予支持奖励，选拔优秀人才进行培训，为其提供更广阔的发展空间；鼓励各类人才从事农业工作，提供专业培训，对积极创业且有突出贡献的人才给予个人资金奖励，通过奖励制度激励人才，建设优秀人才队伍。

（三）加强农村电商人才培育

为推动农村电商人才发展，政府需完善政策支持，吸引人才返乡创业，加强培训机构监管，提高培训质量。高校与企业应合作创新培养模式，结合实践与理论，提升复合型人才水平。通过薪酬激励、继续教育和引入先进经验，优化发展环境，全面提升农村电商人才素质，构建高质量人才体系。

1. 完善农村电商人才培养机制　各级政府应主动承担管理责任，在政策引进和措施落实上加大力度，充分发挥政府在农村电商人才培养中的关键作用。一方面，通过各种优惠政策吸引和留住优秀的专业电商人才到农村工作，鼓励支持外出人才回乡创业，提供财政、住房、医疗、教育等方面的支持，促使有电商经验的人才在农村发展创业。同时，重视奖励和表彰，对表现突出的电商人才给予物质和精神奖励（钱俊，2018）。另一方面，加强对电商培训机构的规范管理。电商培训机构的水平直接影响农村电商人才培训质量，政府部门应对各类培训机构进行授权认证和评估检查，规范资质，提高办学质量，为学员提供有效培训。

2. 创新农村电商人才培养模式　当前，农村电商人才主要来自高校和培训机构。高校设立了电子商务专业，该专业要求学生掌握信息技术、管理学、心理学和经济学等多方面知识，培养出复合型、综合型人才。农村电商人才需要了解农村情况，高校应明确培养目标，将农村特色融入课程，提升培养质量。高校应与农村电商企业建立合作机制，将规模较大的企业作为实习基地，邀请企业带头人授课，让学生掌握实践经验。推动农村电商培训规范化，避免粗放式培养，应对培训对象有所区分，重点培养对电商感兴趣、富有创新精神的学员。

3. 优化农村电商人才发展环境　随着乡村振兴战略的深入推进，农村电商产业逐渐成为培养人才的重要平台。首先，农村电商企业应通过提升薪资福利来吸引和培养相关人才。企业应根据当地经济水平制定合理的薪酬制度，并通过多样化的绩效评估方式激励员工积极性，吸引乡村居民加入电商行业，积极学习电商知识，成为行业发展的储备力量。其次，农村电商企业应完善继续教育体系，定期开展农村电子商务相关的热点讨论和讲座，帮助人才掌握行业动态，促使他们不断自我提升，增强实践能力和问题解决能力。此外，企业应系统性地培训员工，传授农村电商专业知识，完善其知识体系，提升员工对行业的认知和重视程度，从而建立健全人才培养计划。在这一过程中，引进其他企业的先进经验也是必要的，从而有效提升农村电商人才的综合素质和能力。

（四）培育乡村工匠

当前，我国许多省份仍存在乡村工匠缺口，尤其在增量不足、年龄结构不合理等方面。乡村工匠的培育形式和质量也面临挑战，与乡村振兴的需求存在差距。培育新时期乡村工匠是乡村振兴的紧迫需求，需要政府、职业院校、行业协会等社会力量协同解决，推动乡村工匠的学历教育、非学历教育和职业技能培训（路建彩 等，2021）。

1. **实施面向三类乡村工匠的专项培训计划**　建立高职院校领导、中职学校参与、辐射乡镇专业合作社的三级联动职业培训体系，分层次实施乡村工匠的素养提升、技能提升、创业就业等针对性培训。利用农村实用人才带头人素质提升计划等项目，县级政府可组织实施乡村工匠培育工程，以传统工艺传承与创新、农村文旅融合创意、技能脱贫致富为主题，设立乡村工匠学校，开设特色班，吸引优秀乡村工匠师傅和学徒，培养地方乡土特色人才。鼓励乡村工匠参与创新创业活动，支持他们开展手工艺创新项目，促进周边农民增收致富。

2. **细化乡村工匠分类培育的支持政策**　鼓励乡镇设立乡村工匠专业合作社，促使不同类型和年龄的乡村工匠相互交流、合作，打造技艺传承和创新的平台。通过乡镇社区教育，根据不同乡村工匠的培训需求，提供相应的职业教育和技能培训。支持非遗传承人、传统工艺从业者、精细手工艺人等接受技能培训，培养优秀乡村工匠和匠师。制定乡村工匠继续教育激励政策，鼓励高素质农民参与专项培训，参加高职扩招和高等学历继续教育，培养年轻乡村工匠群体。通过政策吸引有志于农村发展的青年和企业人员返乡，提供政策优惠和奖励，鼓励其接受培训并成长为新型乡村工匠和技术专家。

3. **面向"返乡创业类"乡村工匠加强"双创"教育**　国家积极鼓励农民工返乡创业，并出台了一系列政策，致力于在乡村建立健全相关的创业服务体系，为培育"返乡创业类"乡村工匠创造了良好的发展机会。政府应积极引导更多返乡人员扎根农村，满足新兴农村业态及产业融合发展的需求。主管部门和职业院校等应重点针对返乡农民工、驻村大学生等群体，开展创新创业教育和培训，扩大"返乡创业类"乡村工匠的培育对象范围。要充分利用技艺技能大师工作室、手工技艺传习坊等平台，为有志于返乡从事乡村工匠的人员量身打造创业培训体系。在乡镇开设"乡村工匠创业讲堂"，加强对传统手工艺、非遗项目等创新创业政策的宣传和培训；开展公益性创业讲座和培训，实施"一对一"项目指导，增强乡村工匠在手工艺创新和创业增收方面的信心。同时，加强电子商务、乡村旅游、信息技术等课程的培训，丰富思想道德修养、工匠精神等教学内容，提升乡村工匠的综合素质。还要支持职业院校、行业协会、企业等在乡镇建设"双创"孵化基地，开展创业项目的帮扶与孵化。通过创业帮扶与技能培训的有效结合，引导"技能升级类""产业融合类"与"返乡创业类"乡村工匠协作，共同开发传统手工艺和技能扶贫项目。

三、乡村公共服务人才队伍建设路径

（一）实施特岗教师计划，加强乡村教师队伍建设

"特岗教师计划"是通过公开招聘高校毕业生到西部地区"两基"攻坚县以下乡村学校任教，引导和鼓励高校毕业生从事乡村义务教育工作，创新乡村学校教师的补充机制，逐步解决乡村学校师资总量不足和结构不合理等问题，提高乡村教师队伍的整体素质[①]。为了更好地实现特岗教师计划预期政策效果，还需在执行中不断调整和完善管理制度，创新工作方法，稳定特岗教师队伍，提升乡村师资水平。

1. 加强政策宣传，提高社会影响力　目前，乡村特岗教师不稳定的一个重要原因，源自对于特岗教师职业的认同感不高。职业认同感的获得，不仅要提高特岗教师的经济收入和地位，更重要的是要提升社会对他们的职业评价、提升其社会地位。所以，通过加大宣传"特岗计划"政策的社会影响力，形成社会对特岗教师职业的正确认识，可弥补特岗教师的心理落差，从而提升特岗教师的工作效能和稳定性。

2. 调整薪酬结构，保障特岗教师薪酬待遇　薪酬待遇是影响劳动力供给的重要因素。特岗教师的待遇和城市等较发达地区教师的薪资水平存在一定差距，这挫伤了特岗教师从业的热情和激情。因此，保障"特岗计划"政策实施效果的一个重要途径是提高特岗教师薪酬待遇。目前，随着我国经济实力不断增强，财政性教育经费逐步增加，应通过延长转移支付年限、拓宽薪酬来源渠道、促进薪酬绩效改革等方式，提升特岗教师薪资水平，优化特岗教师的保障

---

① 2006 年，教育部、财政部、人事部、中央编办下发《关于实施农村义务教育阶段学校教师特设岗位计划的通知》。

条件，增强特岗教师的职业归属感和获得感，促进乡村教师工作队伍稳定发展。

3. 完善特岗教师的准入机制，建立公平公正的教师评价制度（胡鑫，2021）　首先，严把政策准入关。在引进特岗教师过程中，做到择优录取，杜绝不平等、不公正的进人现象出现。其次，建立多维度、全方位的评价体系。评价体系对特岗教师的成长和发展具有重要的引导作用。不能唯成绩、唯分数评价特岗教师的专业水平，要通过建立多维度、全方位的评价体系，激发特岗教师的工作热情，促进特岗教师的专职化发展。最后，建立健全培训机制。坚持以教促改、以评促建的原则，为特岗教师培训创造更多机会和条件，完善特岗教师培训机制，从而实现让特岗教师第一时间接触最新教学资源，更新教育理念和教育方法，提升特岗教师的育人水平和能力。

（二）加强乡村卫生健康人才队伍建设

为加强乡村卫生健康人才队伍建设，应多渠道引进急需人才，创新使用机制，优化待遇保障。通过扩大定向医学生培养、完善政策吸引毕业生到基层服务，建设全科医疗特色队伍；推动县乡医疗人才双向流动，完善乡村医生培训和职称评聘；合理确定绩效工资水平，提高乡村卫生健康人才的收入待遇，完善补助政策，提升艰苦地区医疗服务质量。

1. 多渠道引才用才　建设具有全科专业特色的乡村医疗卫生服务队伍，改革完善乡村医疗卫生人才培养机制，增加全科、儿科、儿童保健科、口腔科、中医、护理、公共卫生、预防保健、心理健康、精神卫生、康复、职业健康等急需人才供给。逐步扩大农村订单定向免费医学生培养规模，完善协议服务政策，规范培养从事全科医疗的高等职业教育层次医学生。实行艰苦边远地区县乡医疗卫生机构公开招聘倾斜政策。毕业生到乡村两级医疗卫生机构工作，享受基层就业学费补偿和国家助学贷款代偿政策[①]。毕业生可以免试申请乡村医生执业注册政策，并限期考取执业（助理）医师资格。组织执业（助理）医师参加全科医生转岗培训。引导乡村医生参加执业（助理）医师资格考试，取得相应资格。

2. 创新人才使用机制　加强县域医疗卫生人才一体化配置和管理，实行县管乡用、乡聘村用制度，建立人才双向流动机制。适度提高乡镇卫生院中高级专业技术岗位的占比。对连续在乡镇卫生院工作满15年或累计工作满25年且仍在岗的专业技术人员，通过"定向评价、定向使用"方式聘用至相应岗

---

① 2023年，中共中央办公厅、国务院办公厅印发《关于进一步深化改革促进乡村医疗卫生体系健康发展的意见》。

位。将获取乡村卫生室执业（助理）医师资格纳入乡镇卫生院职称评聘的条件。统筹县域内医疗卫生人才资源，建立定期向乡村派驻医务人员工作机制。鼓励县级医疗卫生机构与乡村医疗卫生机构合作开展家庭医生签约服务，拓展服务范围。健全公共卫生医师制度，探索赋予公共卫生医师处方权。建立公共卫生专业技术人员和临床医生交叉培训制度，促进人员间双向流动。

3. 完善收入和待遇保障机制　贯彻"允许医疗卫生机构突破现行事业单位工资调控水平，允许医疗服务收入扣除成本后用于人员奖励"的要求，统筹平衡乡镇卫生院与县级公立医院绩效工资水平，合理确定绩效工资总量和水平。提高乡村医疗卫生机构全科医生工资水平，与县级公立医院临床医师工资水平相匹配，设立全科医生津贴项目并独立列示在绩效工资内部分配中。完善基本公共卫生服务经费、医保基金和家庭医生签约服务费政策，拓宽筹资渠道，统筹使用，完善分配机制。严格执行乡村医生基本公共卫生服务补助、基本药物制度补助、一般诊疗费政策，灵活调整补助标准，逐步提高乡村医生收入。对服务于艰苦边远地区和乡村振兴重点县的乡村医生，适度增加补助。合理利用资源，为乡镇卫生院特别是中西部偏远地区提供周转住房。

（三）加强乡村文化旅游体育人才队伍建设

为解决乡村文化旅游体育人才建设不平衡、不充分的问题，需更新人才培养理念，注重跨界融合与创新，发展复合型、信息化人才。优化院校学科设置，契合行业需求，提升培养人才在实践与创新方面的能力。通过创新宣传方式，培养综合素质高的宣传人才，构建完善的长期培养体系，打破传统限制，重视实干精神，改善工作生活条件，最终打造高素质的乡村文化旅游体育人才队伍，推动乡村文化繁荣发展。

1. 乡村文化旅游体育人才培养的理念要更新　解决乡村文化旅游体育人才队伍建设不平衡不充分的问题，要转变人才培养模式，从传统型、技能型向复合型、创新型、跨界型发展，融入科技理念，加强信息化人才队伍建设，推动新型文化旅游体育人才的培养；要做好人才的职业规划，为其提供清晰的职业发展路径，针对高学历、高层次人才制定特殊薪酬福利政策，设立职业绿色通道，增加乡村对人才的吸引力；在培养过程中融入乡村文化和基层观念，强化人才对美丽乡村的认同感、荣誉感和归属感。

2. 院校教育的学科设置要优化　院校教育在文旅人才培养中扮演着关键基础作用。为适应乡村振兴新形势下文化旅游体育人才需求变化，学科设置应与时俱进。除传统培养旅游外语、酒店管理等人才外，应注重培养涵盖旅游集团化、定制旅游、民宿、研学等新兴行业人才。专业设置需契合行业需求，增设涵盖多领域的课程，培养具有国际视野和本土特色的专业人才。强化互联网思维培养，提升学生在数字化领域的专业知识和技能，适应数字化和智能化需求。改变人才培养路径，加强乡村文旅体育人才队伍建设，注重乡村文化传承和管理能力培养，提供实践机会，培养学生的实践能力和创新思维。

3. 培养乡村文旅宣传人才　乡村文旅宣传的创新应关注于传播形式和内容的多样化、新颖化。宣传人才的培养应着重于创新能力和综合素质的提升，通过建立系统的培训体系，重点培养宣传人员在创意策划、内容制作、市场分析和技术应用等方面的能力。通过理论与实践相结合的方式，提升宣传人才的实战能力。

4. 构建乡村文化旅游体育人才长期培养体系　要实现这一目标，必须建立一支高素质的乡村文化工作队伍，同时完善乡村用人制度，培养在各方面具备突出优势的乡村文旅工作者。首先，乡村地区需要推动人力资源改革，建立科学合理的用人机制与人事管理制度。通过引入"价值付薪"的理念，以市场化思维设定岗位，签订劳动合同，并设立明确的职业晋升通道和有效的激励考核机制。这不仅有助于吸引人才，还能激励他们在乡村文旅事业中长期贡献力量。其次，在选拔文旅专业人才时，不应仅依赖学历作为硬性条件，而应更注重实干精神和实际能力。选拔过程中应打破年龄、性别、学历等传统限制，优先考虑具备实践经验和专业能力的人才，尤其是引入民间文化人才。这有助于传承和利用民间优秀文化资源，进一步推动乡村文化的发展。此外，改善乡村文旅人才的工作和生活条件至关重要。应采取措施鼓励和吸引优秀文化人才深入基层长期工作，对于具备特殊技能的人才，在不违反原则的前提下，尽量为其家属提供就业机会，确保他们能够安心工作，长期扎根乡村。最后，应利用信息技术建立乡村人才档案与人才库网站，有针对性地对不同地区、层次、职业的文旅人才进行培养和锻炼。通过实际工作中的学习，使本土文旅人才更好地适应新时代的发展需求，同时帮助外来文旅人才更快融入乡村生活。通过这一体系，培养出具有实用价值的高素质乡村文化旅游体育人才，为乡村文化的长期繁荣提供坚实保障。

（四）加强乡村规划建设和人才队伍建设

支持熟悉乡村的首席规划师、乡村规划师、建筑师、设计师及团队，参与村庄规划设计、特色景观制作、人文风貌引导，提高设计建设水平，塑造乡村特色风貌。统筹推进城乡基础设施建设管护人才互通共享，搭建服务平台，畅通交流机制。

1. 思维价值改革　乡村与城市应当平等对待，乡村规划建设应以村民为中心，充分考虑城乡空间的差异和乡村的特质，解决乡村居民的需求，强调以村民为中心进行规划设计，而非只关注游客或城市居民。因此，在人才培养过程中要树立正确的价值观，强调以乡村为中心的理念，结合文化强调对乡村整体认知，将产业、空间、社会、文化等因素融入规划设计中，将自然生态、经济发展、社会生活等考量纳入规划，进行空间引导和文化输出。

2. 乡村规划建设人才的课题设置改革　　乡村规划教育体系将转变为以农村问题为导向的渐进式课题设置体系，涵盖农舍建设改造、基础设施规划、农村生存环境调查、村镇公共空间环境设计、城乡经济产业结构规划、乡村风景评价、乡村旅游规划、特色村落保护策略等问题。这些问题将被转化为不同年级教学目标设定的课题形式，形成从微观到宏观、从单一学科到多学科、从课堂内到课堂外的课程设置体系。

3. 乡村社会实践基地建设改革　　建立乡村社会实践基地，让学生参与乡村管理与建设实践，深入了解乡村规划与建设中的问题和矛盾。在指导教师的带领下，与村干部共同研讨解决方案，涉及乡村经济发展、文化传承、人居环境建设、生态保护、旅游开发、新技术应用等多方面。通过实践锻炼，学生将更深入地融入乡村规划实践中。

四、乡村治理人才队伍建设路径

（一）加强乡镇党政人才队伍建设

当前，农业农村正处在深刻变革之中，尤其在全球化、信息化、市场化的大背景下，"三农"工作的对象、内容、领域发生深刻变化，农业生产标准化、经营规模化、主体多元化，乡镇党政人才必须把"三农"工作放在国家经济社会发展大局和全球经济一体化格局中考量，着眼于农业供给侧结构性改革的要求，调整工作的侧重点、着力点，创新传统的工作思路、工作方法，开阔眼界，不断提高引领市场和依法行政的能力。

1. 积极更新观念，不断提高工作能力　　制定并实施培训计划，促使乡镇党政人才更新观念，创新工作思路和方法，意识到农业农村经济发展需要遵循市场规律，追求经济效益，以激发农民积极性。推动农业供给侧结构性改革，关键在于以市场为导向，发挥市场在资源配置中的决定性作用。作为"三农"工作者，应更多依靠市场信号和价格机制引导农业发展，调控供需关系，顺势而为。在推进现代农业发展过程中，强调法治思维　凝聚共识、解决问题，深化农业行政审批改革，推动简政放权和政务公开，以法治方式激发市场活力，促进农村改革发展。

2. 强化思想道德与价值观教育，全面提升能力水平和思想境界　　农村基层干部在农村精神文明建设中扮演重要角色，其思想、行为、作风直接影响着基层群众。他们需要具备良好的思想道德素质、正确的价值观以及科学的工作方法，才能确保农民思想政治教育的有效开展。首先，基层干部要加强自身建设，树立正确的权力观、利益观和群众观，增强做群众工作的能力，深入基层，倾听群众声音，坚决反对"四风"，践行群众路线，提高自身思想道德素质。其次，加强选调生选派工作，选拔高素质大学生到农村地区工作，注入新活力。再次，定期培训基层干部，提高管理水平和道德素质，全心全意为人民服务。要以学习贯彻习近平新时代中国特色社会主义思想为重要政治任务，引导基层干部坚定理想信念，践行社会主义核心价值观，树立"立政德"信念。最后，建立定期的道德考核机制，让群众参与监督，激励基层干部提升思想道德素质。

3. 完善人才流动机制　为确保乡镇党政人才调动不影响基层机关正常运转，尤其是关键人才，需要进行跟踪服务，充分储备人才。强调"领导来自基层、干部出自一线"的理念，突出乡镇用人导向，选人、用人视野应着重放在乡镇一线，将培养干部重心放在基层。在条件相当的情况下，优先提拔长期在艰苦地区工作的基层乡镇干部。在选拔重要岗位干部时，有乡镇工作经历者可以获得优先考虑。组织部门应定期派遣优秀乡镇干部到县直机关挂职锻炼，同时派遣县级干部到乡镇工作，新招录的党政人才优先安排到乡镇岗位锻炼。鼓励干部，尤其是优秀年轻干部到乡镇工作。

（二）推动农村基层党组织带头人队伍整体优化提升

提升农村基层党组织带头人队伍建设，应突出政治建设，强化带头人的政治领导力；选优配强村党组织书记，增强组织覆盖力；提升群众凝聚力，团结带领农民共促乡村振兴；同时，健全激励约束机制，增强带头人自我革新能力，确保其发挥出核心人才作用。

1. 把党的政治建设摆在首位，提升政治领导力（聂继红和吴春梅，2018）强化党对农村工作的领导，确保政治建设是农村基层党组织建设的核心。提高党组织带头人的政治领导力，加强政治站位，增强"四个意识"，坚定"四个自信"，坚决维护以习近平同志为核心的党中央权威和集中统一领导。各级党组织和广大党员要自觉遵守政治纪律和政治规矩，做到坚守政治信仰、站稳政治立场、把准政治方向。加强党内法规和国家法律对基层干部的约束，惩治违规行为。基层干部要务实工作，赢得民心，推动乡村振兴工作。

2. 选优配强村党组织书记，提升组织覆盖力　毛泽东（1991）指出："政治路线确定之后，干部就是决定的因素。"提升农村基层党组织带头人队伍的组织覆盖力，应内外结合选优配强村党组织书记。一方面，要在农村内部培养人才，发展产业经济吸引人才留在农村就业创业，培养本地乡土人才力量。遵循"政治过硬、德才兼备、群众公认、重实绩"原则，通过选举和选拔方式选拔村党组织书记，从本地乡土人才中选优培养。另一方面，积极引进外部人才，通过各种方式吸引各类人才为农村振兴贡献力量。选拔标准为政治过硬、能力强、群众支持，打破地域和身份限制，吸引外部人才到农村工作。建立选派第一书记机制，向脱贫村、软弱涣散村派出第一书记，形成"精兵强将"队伍，助力乡村振兴①。将外部力量充实到基层一线，解决基层党组织带头人不足问题。

3. 提升群众凝聚力　党的十九大报告指出，"我们党来自人民、植根人民、服务人民，一旦脱离群众，就会失去生命力"②。提升农村基层党组织带头人队伍的群众凝聚力，必须不忘初心。在新时代，农村基层干部应以爱农村、爱农民的情怀引领乡村振兴工作，有效激发农民群众参与乡村振兴建设的热情，团结带领农民群众共同推进乡村振兴，提升幸福感。重点开展农民群众的思想政治工作，采用易于接受的方式，利用学习贯彻习近平新时代中国特色社会主义思想主题教育，帮助农民解决困惑和压力。农民群众是乡村振兴战略的主要参与者和受益者，在共建共享过程中发挥主体作用。实现农民群众的最大利益，健全为民务实机制，保障农民权益，确保农村基层党组织带头人队伍贯彻初心。

4. 提升自我革新力　提升农村基层党组织带头人队伍的自我革新力，需要健全激励约束机制，激发干部的内在动力。在物质方面，应大幅提高基层党组织带头人的福利待遇，增加获得感和工作回报，提高工作积极性。坚持严格管理与关爱相结合，设立激励和容错机制，明确支持那些敢于担当、踏实工作、无私奉献的干部。各级党组织要关心基层干部，积极帮助解决问题。建立优秀村党组织书记选拔乡镇领导干部、招录乡镇公务员、招聘乡镇事业编制人员的机制（李迎生 等，2011）。自党的十九大以来，中共中央在物质、制度和政策层面采取多项激励措施，鼓励农村基层干部积极担当、奋发有为，推动乡村振兴战略的实施。同时，完善考核监督管理制度，健全农村基层干部考核评价体系，确保奖惩分明。建立市县领导班子和干部乡村振兴实绩考核制度，作为选拔任用的重要依据。健全村干部管理机制和辞职罢免制度，实行优胜劣汰的用人原则。健全村务监督机制，推行村党支部书记重大事项报告制度，强化民主决策和监督机制。通过制度化的激励和约束，培养忠诚、勇于担当的农村基层党组织带头人队伍，发挥其在乡村振兴中的核心作用。

---

① 中共中央　国务院关于实施乡村振兴战略的意见，《人民日报》，2018-02-05。
② 习近平，决胜全面建成小康社会夺取新时代中国特色社会主义伟大胜利——在中国共产第十九次全国代表大会上的报告，《人民日报》，2017-10-28。

（三）加强农村社会工作人才队伍建设

推进农村社会工作人才队伍建设，通过实施"一村一社工"模式，拓宽人才来源；结合科学设置与编制管理，培养专业化、本土化人才。创新教育培养机制，推动高校课程设置与实践教学，打造满足农村需求的高素质社会工作人才队伍，提升服务效能。

1. 着力推进农村社会工作人才队伍建设，实施"一村一社工"和"社工驻村"模式　首先，科学设置农村社会工作岗位，纳入事业编制管理，乡镇设立社会工作站，行政村设立社会工作点，实施"一村一社工"和"社工驻村"模式，开展专职服务。其次，拓宽农村社会工作人才来源渠道，打造科学性、专业性和本土性相结合的人才队伍。最后，注重农村社会工作人才的身份建构和相关评价机制建设，打造一支让党和政府放心、让人民群众满意的专业人才队伍。

2. 创新农村社会工作人才教育培养机制，推动教育、研究和实践相结合，以点带面，全面推开　教育是社会工作人才培育的基础，我国社会工作的发展正是遵循了"教育先行"的发展路径。首先，积极引导高校开设农村社会工作专业课程、设立农村社会工作研究方向。农村社会工作是我国社会工作最为核心的领域之一，也是探索我国社会工作本土化的重要窗口。因此，应积极发挥教育部高等学校教学指导委员会的专业引导作用，组织开展农村社会工作的教材编写，明确将农村社会工作列入本科专业必修课程或选修课程，同时鼓励开设相关学科博士点和硕士点的高校设置农村社会工作研究方向，重点在农业类高校探索培养农村社会工作专业人才。并且，鼓励高校在农村开设社会工作实习基地，推动行动研究和田野课堂，探索实践教学和服务学习的新模式，为开展专业服务奠定坚实基础。实习是社会工作专业区别于其他学科的显著特点，良好的实习教育是保证学生内化专业价值、掌握理论和技术的重要环节。

（四）加强农村经营管理人才队伍建设

完善农村经营管理人才队伍建设，应以提升政治素质与业务能力为核心，制定科学考核标准，强化教育培训，培养符合现代农业需求的复合型人才。同时，建立上下贯通的人才信息网络，整合资源，提供政策、市场与技术支持，助力农村经营管理人才更好地服务农村发展，全面提升服务效能。

1. 完善培养机制　农村经营管理工作具有政策性强、业务范围广、专业素质要求高等特点。农村经营管理人才需熟悉各项农村政策法规，精通业务技能，面对农村经济社会快速发展和经营体制创新，能力要求更高。为此，应围绕提高农村经营管理人才队伍的素质和能力，制定完善考核标准，明确政治和业务素质要求，鼓励参与教育培训活动，快速提升整体素质。特别鼓励参与中职农村经济管理专业的教育培训，该专业更注重应用型人才培养，培养周期短、课程调整灵活，更符合现代农业发展对人才的需求（孙增兵，2020）。为了提升农村经营管理人才的素质，一方面需要农村基层单位与中职农经管理专业保持密切联系；另一方面根据不同需求采取多种形式的教育培训，包括脱产、半脱产和请专家现场授课等方式，分类开展培训学习，使人才了解并落实政策，掌握市场信息，正确把握农村经济发展规律。同时，加强专业理论、市场经济和科技知识的学习，提高对多学科管理技术和知识的掌握，涵盖农业经济管理、统计、会计、农村金融、农产品营销、法规、公共管理等领域，培养复合型农村经营管理人才队伍，为农村发展提供强有力的人才支持。

2. 建立上下贯通的信息网络　要充分利用农村经营管理人才的信息网络，整合资源实现共享，发挥其服务功能。一方面，应利用现有农业人才门户网络信息平台，共享人才资源；另一方面，加强农业核心网站建设，建立包括农业、畜牧业、乡镇企业、农业机械、渔业等领域的综合数据库，提供农业政策、技术推广、市场营销、质量安全等信息，为农村经营管理人才传递法规政策、合作经济组织发展情况、农产品供求信息等，发挥网络功能，为其发挥作用提供支持条件。

（五）加强农村法律人才队伍建设

强化农村法律人才队伍建设，需完善制度保障，确保经费支持和激励机制，健全聘用、培训、考评等管理制度，稳定并持续发展人才队伍。同时，创新多元化发展模式，推动村民学法守法，培养法治带头人，充实公共法律服务力量，利用"互联网＋"技术提升服务效率，推动农村法治服务的高效、可持续发展。

1. 强化制度保障，确保队伍稳定　首先，应加强农村法律人才队伍建设的经费保障，并将其纳入财政预算。通过完善激励机制，提高农村法律工作人员的待遇，使农村成为吸引人才的地方，留住人才。健全农村人民调解员、法律援助工作者、村级法律顾问等补助制度，提高农村法律人才的满足感和成就感，确保农村法律人才队伍的稳定性和可持续性。其次，建立并落实"一村一法律顾问"制度，创新农村法治服务的政府购买方式，对积极参与农村法律服务的律师进行表彰奖励，或者对其所在法律事务所给予税收优惠等政策，确保政府资金投入得当（魏竞超，2021）。最后，构建和完善农村法律人才队伍的聘用、培训、考评、奖惩等各项制度管理。明确法律人才结构目标，构建"引—育—管—用"的系统化农村法律人才队伍建设机制。

2. 多管齐下，促进队伍多元化　首先，建设农村学法用法示范户人才队伍，培养领头羊；推动村干部、退伍军人、企业家等带头学法守法，提升村民自治和乡村治理的法治化水平。制定农村学法、用法示范户实施方案，加强动态监管，并通过普法平台、法律网络培训平台等媒介进行持续培训。其次，充实农村公共法律服务人才队伍，与高校合作，让法学专业学生担任农村法律服务志愿者，建立政府购买服务机制，与律师事务所、专业律师合作提供法律服务，结合"互联网＋"技术提供便捷服务。最后，建立农村法律人才网格化、数字化管理，构建信息服务平台，根据需求分配法律工作人员，提高服务质量，高效化解农村法律问题（宋颖，2023）。

五、农业农村科技人才队伍建设路径

（一）实施农业科研杰出人才培养计划

为培养技术过硬的农业科研杰出人才，需持续探索与提升。树立科学的人才培养观念，推动创新思维，构建互利共赢的人才体系。通过鼓励农业创新团队与科研机构、高校、企业合作，实现科研成果共享。政府应加大基层科研投入，优先支持青年科技人才，并加强基础与探索性科研的政策保障，推动乡村农业的持续创新与发展。

1. 树立科学的人才培养观念 学习创新首先要把思想转变放在第一位。要创新思想观念，改变固有思维方式和传统农耕观念，建立一个互利共赢、资源共享、不断创新的人才队伍。通过鼓励农业创新团队加强与科研机构以及相关高校和相关企业的相互交流，共享致富经验和科研成果。树立多元化人才培养观念，社会对于人才的需求是多样性的、分层次的，分类型的人才培养是教育大众化的必然结果，要注重青年农业科技人才个性发展需求，激发年轻科研工作者好奇心，为科研工作者营造独立思考、自由探索的良好环境。

2. 加大基层科研专项财政投入力度 各级政府要建立与乡村基层科研工作相应的投资保障机制，将农业科技人员培养作为财政投入的优先保障，为青年农业科技工作者解除后顾之忧，以确保其能够积极投入到工作当中去。同时，要加大对生物品种改良、防治病虫害、新型养殖等方面的重大专项支持力度，保证科研成果的公益性得以体现。农业具有一定的周期性、风险性和公益性特征，为加强乡村科技人才队伍的建设，政府部门需通过一定的财政支持激励基层农业科研和推广技术服务工作的开展。

3. 加强对农业基础性和探索性科研人才的政策支持 我国现阶段农业职业教育中仍然存在着体系不完善、教师队伍素质参差不齐、科目设置不合理、不能精准地点对点地进行科技支持等诸多问题，这些问题都不利于我国农业职业教育的发展。同时，市场调节有其自发性的一面，单纯靠市场这只无形的手无法有效实现资源的合理配置。所以，政府需要运用宏观政策的手段，加强对基础性科研和探索性研究的政策支持。由于科研项目和成果会具有一定的不确定性、难免会走弯路，科研单位往往承担不起昂贵的研发成本，国家财政针对此种情况应多予以及时和充足的关注和支持，对符合一定条件的科研项目以财政补助的方式给予支持，保障乡村科技人才培养的资金支持，为乡村科技创新储备人才。

（二）实施杰出青年农业科学家项目

在现代化农业发展中，杰出的青年科技人才是农业创新的重要支柱。在"双创"时代背景下，需要加强农业科研人才后备队伍建设，激发青年科技工作者的创新活力，推动杰出青年农业科技人才崭露头角。农业科技创新具有独特规律，"杰出青年农业科学家"资助项目应侧重我国实际，发挥科技在农业现代化建设中的引领作用。应增加财政投入，完善制度建设，吸引更多优秀青年人才投身农业科技工作，优化人才配置，持续推动农业科技进步。

1. **完善科研项目企业投入机制**　自主筹资、自主立项是科研单位发展的主要手段，对外来资金的有效利用程度也是考验一个科研单位能否可持续发展的重要因素。政府应该出台相应的农业科研单位投入机制，正确引导企业资本和社会资本进入科研院所，这不仅能给科研院所财力上的支持，还可以有效利用科研单位的科技实力共同研发新产品，从而实现合作共赢。企业可以在投入机制的框架内通过农业研究所设立高水平的科研项目，并鼓励杰出农业科技青年积极争取。投入机制应该规范双方的权利义务，以及研究成果的权利归属，并就知识产权、保密协议等达成一致意见。

2. **制定并实施农业科研青年人才培养专项计划**　制定并实施农业科研青年人才培养专项计划是培养优秀青年人才队伍的关键举措。青年人才队伍的建设对整个农业科技队伍的发展至关重要，符合国家扶贫致富目标和农民群众利益。政府应建立健全农业青年人才培养体系，邀请高素质一线农业科技工作者授课。除了财政支持外，还要提供充足的生存空间和支持，为青年人才提供专项保障，促进农业青年人才的成长和发展。

3. **扩大农业科研机构人才使用自主权**　农业科研机构在薪酬政策制定和职位上升过程中，由于模仿或者照抄政府部门现有的一套筛选方法，"论资排辈""固定年限""固定起点"这些陈旧的、呆板的、单一的考核方式已经不能适合时代发展需求和青年成长需求，一定程度上限制了青年科研人员的上升通道，挫败了部分有志于从事农业科学研究的优秀青年的积极性，不利于青年农业人才的培养和农业科研队伍的建设。因此，要尊重市场规律与科研人才成长规律，制定科技人才评审工作的原则和方向，并确保监管评审工作公平公正地开展实施。科研机构应根据自身情况，合理地制定评审细则，并主持开展评审工作，同时接受政府部门的监督。灵活开辟更多的科研项目，为青年科技人才晋升打开更多绿色通道。农业主管部门应加强评审过程监督，保证高级人才评审的公平公正，营造良好的选人用人环境。

4. **创造良好的外部科研环境**　我国农业科研机构绝大部分是事业单位，事业单位存在办事流程相对烦琐、项目申请需层层审批、组织机构臃肿、职能部门交叉、人员分工不明等问题，与现在积极进取的科研形势是背道而驰的。农业科研机构首先要解放思想，服务好农业青年科研人才，明确自己的职责，做好科研项目的申报、审批、结项、协调等工作，充分发挥地方或部门的自主性。在决策制定过程中明确科研机构和青年科研工作者各自的职责，严格遵循科研规律，做到管研分离、管理服务于研究，使青年人才全心全意地投入科研当中，管理人员要尽职尽责服务于科研人员。其次，要营造良好的科研文化氛围。任何科技创新都不会是一帆风顺，科研之路亦会有挫折坎坷，要给予青年人足够的时间和成长空间，通过科研文化氛围的塑造，激励广大青年人才开展科研工作的热情和激情，给予他们充足的时间和空间开展科技创新工作。

5. **开展青年人才创新潜力评价**　不断评价青年的创新潜力，对于成绩突出者，给予更好的发展机会，激励其发挥优势，再接再厉再上新台阶；对于成绩平平者，要明确问题所在，有针对性地进行指导，确保成为合格的乡村科学技术人员。在青年中开展创新能力评价，并给予适当的奖惩，有利于激发青年的进取心，形成"你追我赶"的积极学习和工作氛围。

（三）实施农技推广服务特聘计划

农技推广服务特聘计划旨在通过政府购买服务等方式，选拔农业乡土专家、种养能手、新型农业经营者、技术骨干和科研教学单位一线服务人员，培养专业服务产业需求、解决生产难题、带领农民脱贫致富的农技人员队伍。相关部门如农业农村部等应提供经费和政策支持，确保特聘农技人员与在编人员享有同等权利，促进新型乡村科技人才的培养，拓宽农民就业渠道，为乡村振兴做出积极贡献。

1. **创新农技服务方式，消除基层农技推广障碍**　实施基层农技推广特设岗位计划，创新推广方式，提供专业培训，提升农技推广人员的水平，以提高他们的科学指导能力。运用现代多媒体技术和信息化手段，推广员可包村包户，明确责任，确保农技推广工作到位。利用新媒体技术提供精准服务，让农业技术更好地为农民服务。农业部门可通过制作电视节目、建立信息服务平台等方式，解决农民反映的问题，为他们提供便捷的农业信息服务。

2. **拓宽信息渠道，使先进的农业技术快捷地到达农民的手头上**　农业管理部门应当建立一些农民很容易接触到的传播方式，采用传统的方法，如印发相关的农业科普读物、农业技术报刊等；采用现代化的传播媒介，如网络、电视节目、收音机等；还可以线下现场教学，到田间地头言传身教。在农技推广渠道的建设中，不仅要注意开辟向下传达的路径，而且要注意搜集各种有关培训实施效果的相关信息，根据反馈的信息，再将信息渠道改善得更好，确保农民反馈信息的顺利，使农技推广更具有针对性和高效性。

3. **整合农业项目资源，加强农技推广力度**　根据乡村资源特点，充分发挥乡村资源的优势，整合现有农业产业发展与基层农技推广项目，开发有潜力的隐藏价值，使其既符合当地资源优势，又符合当地发展模式；在保护生态环境的同时，利用当地特色优势资源发展符合当地特色的产业，产业也要能激发当地农民的积极性，实现企业获利、农民受益的双赢。把握好开发和生态环境之间的尺度，协调好地方政府和开发商以及当地农民的利益关系，地方政府和开发商不能为了短期的业绩和眼前的利益，而牺牲农民祖祖辈辈留下来的赖以生存的自然资产。农民开垦的荒山以及农地等自有资源，要在农民自愿的前提下进行充分合理的利用，不能破坏乡村的传统风俗习惯和文化，要把青山绿水、蓝天白云留给农民，农技推广要和当地的环境资源相匹配，以发挥当地资源的最大优势。

4. **创新激励机制，塑造高效率、高绩效、高目标达成率的团队**　建立创新激励机制，实现"能者上、平者让、庸者下"的优胜劣汰机制。严格执行奖惩措施，对表现突出的农技推广人员给予肯定和奖励，对责任不落实者进行相应处理。结合物质、机会、精神等激励原则，确保奖惩标准公开和考核过程公正，激发农技推广者的创新能力。制定科学公平的激励制度，促进农技推广工作机制创新。通过赋分法、积分制等方式，保证农技推广工作的有效性。

（四）发展壮大科技特派员队伍

2019 年，习近平在科技特派员制度推行 20 周年之际作出重要指示。习近平指出，创新是乡村全面振兴的重要支撑。要坚持把科技特派员制度作为科技创新人才服务乡村振兴的重要工作进一步抓实抓好。据此，为了促进科技特派员制度的深入实施，推动人力资本要素向农业农村倾斜，需要通过以下途径不断巩固科技特派员制度成果。

1. **开拓科技特派员来源渠道，加强科技特派员队伍建设**　一是突破区域、部门、身份等因素的局限性，拓宽科技特派员的来源渠道。创造条件吸引国内外的科技人才，不仅要引进专业技术人才、高技能人才、科技领军人才，还要培养乡土人才等实用人才。通过对乡村技术能人、大学生村官、驻村干部等人才进行专业培训，发展其为科技特派员，通过拓宽渠道，壮大科技特派员队伍。二是通过拓宽科技特派员的服务领域，推动第一、第二、第三产业的协同服务，提升科技特派员的服务范围和服务能力，扩大科技特派员的辐射领域。

2. 充分挖掘整合资源，推进乡村科技创新创业　借助"双创"平台整合资源，推进科技特派员制度的实施。同时，以科技特派员为纽带，构建和完善"互联网＋"创业网络体系，搭建集创业孵化、科技示范、特色服务于一体的新型服务平台，促进科技、知识、人才等生产要素在区域之间合理流动，保障科技特派员创新创业的技术供给。

3. 创新体制机制，加强新型农业科技服务体系建设　一是充分发挥市场配置资源作用，建立兼顾公益性与经营性、专项服务与综合服务相统一的农业科技服务体系。二是通过多渠道激励和引导，调动科技特派员的工作积极性。制定鼓励科技人员离岗创新创业政策，增加成果转让收入，设立创新专项资金等方式，激励科技特派员带动乡村创新创业。三是加强动态管理制度，奖优罚劣，完善激励机制，对科技特派员进行培训、效果跟踪、考核和绩效管理。通过动态监督，激发科技特派员内在动力，提升其服务水平和能力。四是以需求为导向，加强新型农业科技服务体系建设。科技特派员制度应根据农村农业实际需求，解决技术供给与需求矛盾，构建符合乡村发展需求的全新科技服务体系。

4. 创新科技特派员服务模式，加强管理和技术培训　一是以技术和利益需求为导向，创新科技特派员服务模式，调动参与主体的积极性，构建组织利益共同体。二是强化科技特派员队伍的质量建设。在科技特派员的选拔、培训、考核、再培训环节，严把质量关，打造高质量的科技特派员队伍。三是提升科技成果转化效率。通过创新科技特派员创新创业服务模式，形成农业、农民与各类组织主体间的利益联动机制，实现"三农"与科研成果的无缝对接模式，实现把科研成果转化为现实生产力的良性循环。

第九章

未来国家战略与省域行动

人才振兴是乡村振兴的基础，加强乡村人才队伍建设是推进乡村全面振兴的题中应有之义。展望未来，加快推进乡村人才振兴，需要国家做好顶层设计和地方制定落实方案。

一、国家战略导向：构建乡村人才振兴规划体系

（一）指导思想

以习近平新时代中国特色社会主义思想为指导，全面贯彻党的二十大精神，坚持和加强党对乡村人才工作的全面领导，坚持农业农村优先发展，坚持把乡村人力资本开发放在首要位置，大力培养本土人才，引导城市人才下乡，推动专业人才服务乡村，吸引各类人才在乡村振兴中建功立业，健全乡村人才工作体制机制，强化人才振兴保障措施，培养造就一支懂农业、爱农村、爱农民的"三农"工作队伍，为全面推进乡村振兴、加快农业农村现代化提供有力人才支撑。

（二）基本原则

坚持加强党对乡村人才工作的全面领导。贯彻党管人才原则，将乡村人才振兴纳入党委人才工作总体部署，引导各类人才向农村基层一线流动，打造一支能够担当乡村振兴使命的人才队伍。

坚持全面培养、分类施策。围绕全面推进乡村振兴需要，全方位培养各类人才，扩大总量、提高质量、优化结构。尊重乡村发展规律和人才成长规律，针对不同地区、不同类型人才，实施差别化政策措施。

坚持多元主体、分工配合。推动政府、培训机构、企业等发挥各自优势，共同参与乡村人才培养，解决制约乡村人才振兴的问题，形成工作合力。

坚持广招英才、高效用才。坚持培养与引进相结合、引才与引智相结合，拓宽乡村人才来源，聚天下英才而用之。用好用活人才，为人才干事创业和实现价值提供机会条件，最大限度激发人才内在活力。

坚持完善机制、强化保障。深化乡村人才培养、引进、管理、使用、流

动、激励等制度改革，完善人才服务乡村激励机制，让农村的机会吸引人，让农村的环境留住人。

（三）总体要求

以习近平新时代中国特色社会主义思想为指导，全面贯彻党的二十大和二十届二中、三中全会精神，坚持和加强党对乡村人才工作的全面领导，坚持农业农村优先发展，坚持把乡村人力资本开发放在首要位置，大力培养本土人才，引导城市人才下乡，推动专业人才服务乡村，吸引各类人才在乡村振兴中建功立业，健全乡村人才工作体制机制，强化人才振兴保障措施，培养造就一支懂农业、爱农村、爱农民的"三农"工作队伍，为全面推进乡村振兴、加快农业农村现代化提供有力人才支撑。

二、省域贯彻落实：实施乡村人才振兴行动计划

（一）培育壮大乡村人才队伍

1. **加快培养乡村产业人才**　提升乡村产业发展吸引力，加快形成现代"新农人"群体。持续培养高素质农民队伍，分层分类开展全产业链培训。积极培育家庭农场经营者、农民合作社带头人和农业专业化服务人才。深入实施农村创业创新带头人培育行动，组建农村创业创新导师队伍。加快培养农村一二三产业融合发展人才，鼓励人才返乡入乡创办领办新型农业经营主体，发展农村新产业新业态。加强农村电商人才、乡村建设工匠等培育。培育壮大乡村企业家队伍。鼓励有条件的地方支持合作社聘请农业经理人。

2. **培育造就特色乡土人才**　加强对乡土人才工作统筹，深入实施乡土人才"三带"行动计划，加强对"土专家""田秀才"培养使用，培育一批能够充分发挥带领技艺传承、带强产业发展、带动群众致富作用的优秀乡土人才。遴选建设乡土人才大师工作室、示范工作室和传承示范基地，健全省市县乡土人才大师工作室网络。鼓励通过产业化的方式，让乡土人才成为繁荣乡村产业的重要力量。对一些具有地方特色、目前难以市场化发展的传统技艺传承人等，加大抢救保护力度，确保乡土文化根脉不断。

3. **选优建强乡村治理人才**　选优配强村党组织带头人，注重从本村致富能手、外出务工经商返乡人员、本乡本土大学毕业生、退役军人中的党员里培养选拔村党组织书记，优化村干部队伍架构。加强村"两委"后备人才队伍建设，完善提升"定制村干"工作，平均每个村选聘并动态保持 2 名兴村特岗人员。坚持和完善向重点乡村选派驻村第一书记和工作队制度。配强用好乡镇领导班子特别是党委书记，实行乡镇编制专编专用。实施乡村社会工作专业人才

培养工程，吸引社会工作人才下乡提供专业服务。配齐配强县乡两级农村经营管理工作人员，加强农村会计队伍及农村土地承包经营纠纷调解仲裁人才队伍建设。加快培育农村基层"法律明白人"，积极发展调解员队伍，完善和落实"一村一法律顾问"制度。

4. 稳定提升乡村公共服务人才　聚焦农村教育、医疗卫生、文化旅游、基础设施等，打造一支与之相适应的公共服务人才队伍。构建乡村教师专业发展体系，精准培育一支"下得去、留得住、教得好、有发展"的乡村教师队伍。实施卫生人才强基工程，满足农民群众就近就便看病就医需要。实施千支优秀群众文化团队培育计划，推动文化旅游体育人才下乡服务。引导规划师、建筑师、工程师及团队下乡开展驻镇驻村技术指导和咨询服务。

5. 发展壮大农业农村科技人才　加强农业农村高科技领军人才队伍建设，国家、省级重大人才工程及人才专项优先支持农业农村领域。鼓励成立乡村振兴顾问团，加强农业农村科技人才培养，提升关键领域科技创新和转化能力。大力培育农业农村科技创新人才和科技推广人才，发展壮大科技特派员队伍，打通农业科技成果转化的"最后一公里"，加快构建新型农业科技社会化服务体系。强化农技推广公益性职能，稳定农业技术、农村水利、农村畜牧兽医、农业机械等服务队伍。

（二）拓展乡村人才来源渠道

1. 拓宽途径育才　实施卓越农林人才教育培养计划，进一步完善科教结合、产教融合等协同育人模式。将耕读教育相关课程作为涉农专业学生必修课，建设一批新兴、涉农专业。开展涉农专业大学生农业创新创业培训。持续开展定向师范生培养和订单定向农村医学生培养。实施高素质农民、在职农技人员学历提升行动，全面推广"定向委培"，开展"半农半读"农民中高等学历教育，每年选送一批优秀农技骨干到院校研修深造。鼓励职业院校开设乡村技术技能特色专业和特色班。鼓励引导农业企业等下沉智力资源，为乡村振兴储备专业人才。支持电商平台、电商协会开展电子商务师职业技能培训和认定。加强农村"两后生"技能培训。定期举办乡村振兴职业技能大赛、省级乡土人才技艺技能大赛和乡土人才建设成果展，组织乡土人才高级研修班。对报考高职院校的退役军人、下岗职工、农民工、高素质农民、留守妇女等，可适当降低文化素质测试录取分数线。探索农民学分银行建设，推动农民培训和职业教育有效互通和衔接。依托各级党校（行政学院）培养基层党组织干部队伍。

2. 创新渠道引才　引导老党员、老干部、人大代表、经济文化能人等扎根乡村，鼓励企业家、专家学者、规划师、离退休人员等以投资兴业、援建项目等多种方式投身乡村振兴，吸引农民工、大学生、退伍军人等返乡入乡创业。鼓励退休干部通过担任乡村振兴指导员等方式到乡村干事创业。健全退休人员返聘制度，支持符合条件的退休人员下乡继续服务。鼓励基层医疗卫生机构柔性引进高层次在职、上级医院退休卫生技术人员。实施"一村一名大学生"培育计划、高校毕业生基层成长计划，持续推进"三支一扶"计划，继续实施大学生志愿服务西部计划，探索实施"大学生志愿服务乡村振兴计划"，引导高校毕业生服务基层。实施基层科普行动计划，开展院士专家科普乡村行活动。实施"新农菁英"培育发展计划、"青春四进建功乡村"行动、"巾帼新农民"乡村振兴护航计划，引导各类人才建功"三农"。

3. 搭建平台聚才　依托农业高新技术产业示范区、农业产业科技创新示范园、农业科技园区、农业产业园区等引进、培育农业科技领军人才。开展省级科技行动计划，拓展农业重大技术协同推广计划，持续实施科技镇长团计划，遴选设立省级专家服务基地，鼓励共建校地校企合作平台，推动农业科技人才下乡服务，引导国内创新资源向基层一线集聚。引导农村地区在有条件的电商平台、特色产业园区、特色田园乡村等建设创业创新孵化基地，逐步提升服务功能。举办"互联网＋"大学生、"和美乡村"、乡村振兴新青年、项目创意、科协青年会员等创新创业大赛，为广大"农创客"搭建平台。

4. 县域统筹用才　强化县域专业人才统筹使用，根据部署探索赋予乡镇更加灵活的用人自主权，鼓励从上往下跨层级调剂行政事业编制，推动资源服务管理向基层倾斜。建立健全乡镇街道干部经济待遇、年度考核、提拔任用等激励关爱机制。全面落实村党组织书记"县乡共管"制度和村"两委"成员县级联审机制。深入推进义务教育学校教师"县管校聘"，促进县域内教师均衡发展。推行基层卫生人才"县管乡用"制度，盘活好县域内医疗卫生领域编制资源，有条件地区可探索县域内岗位总量统筹管理。推广医疗、教育人才"组团式"帮扶经验做法，逐步拓展到农村基层和更多领域。发挥县域综合集成农业科技服务资源和力量作用，逐步实现各级科技特派员科技服务和创业带动全覆盖。

（三）强化政策扶持

1. 完善人才服务乡村制度　加强机关年轻干部培养锻炼，多渠道选派优秀干部到农村干事创业。落实基层事业单位专业技术人员"定向设岗、定向评价、定向使用"政策，吸引人才向农村基层一线流动。基层教育、卫生和农业等事业单位专业技术岗位设置为定向岗位，基层在职在岗的专业技术人员取得职称后，按照"即评即聘"原则定向使用，及时兑现工资待遇。对通过定向评价取得的职称，限在基层事业单位聘任。支持专业技术人才通过项目合作、短期工作、专家服务、兼职等多种形式到基层开展服务活动，在基层时间累计超过半年的视为基层工作经历，作为职称评审、岗位聘用的重要参考。健全市场导向、政策引领、主体自主选择、要素充分流动的体制机制，鼓励创设投资收益分配机制，探索实行弹性工作时间等，让更多人才留在农村、扎根乡村、服务"三农"。县级医疗卫生单位新提拔的干部，原则上须有乡镇卫生院、社区卫生中心任职或挂职经历。高校毕业生到农业生产经营主体就业的，可按规定享受就业培训、继续教育、项目申报、成果审定等政策，到农村发展特色产业的可按规定享受项目申报和信贷支持政策，符合条件的可优先评聘相应专业技术资格。

2. **加大财政支持力度** 将农民教育培训经费按规定列入各级财政预算，提高农民教育培训补助标准。相关财政支农项目积极支持乡村人才创新创业。鼓励乡村振兴投资基金等对符合条件的乡村人才领办创办的农业企业投资，给予财政贷款贴息。合理确定乡村医生定额补助标准，落实一般诊疗费政策和村卫生室运行经费保障，逐步提高乡村医生收入待遇。提高基层医疗卫生机构全科医生工资水平，使其与当地县区公立医院同等条件临床医师水平相衔接，落实基层卫生骨干人才协议工资制等政策。稳定提高乡村教师待遇，落实省乡镇工作人员补贴政策。在高技能人才培训紧缺型职业（工种）目录中积极纳入涉农职业（工种）。对到农村基层急需紧缺专业（行业）就业的高校毕业生可给予专项安家费。

3. **加强人才分类评价评定** 分类制定乡村人才评价标准体系，对长期在基层一线工作的专业技术人才，适当放宽学历资历，淡化成果和论文指标。对投身乡村振兴的高层次和急需紧缺人才，符合条件的可申报考核认定高级职称。乡村人才服务乡村期限视为基层工作经历，可作为职称评审、公务员招录等方面的重要依据。落实城市中小学教师晋升高级职称原则上要有 1 年以上基层工作经历要求。执业医师晋升为副高级技术职称的，应有累计 1 年以上在县级或对口支援的医疗卫生机构提供服务的经历。建立农村实用人才职业技能等级认定制度，探索职业技能和职称等级贯通的办法，健全工程、农业、工艺美术等领域高技能人才与专业技术人才职业发展贯通机制。鼓励和引导涉农专业大学生和农民参加农业及相关行业职业工种技能鉴定和等级认定。健全职业资格证书认证制度，开展乡土人才专项能力认定，培育相关职业技能等级认定机构。完善乡土人才职称评价标准，开展乡土人才职称评审工作。

4. **加强乡村人才待遇保障** 创新人才在农村居住、就业、创业等灵活多样的利益分配方式、组织形式及工作方式，落实落细各类基本公共服务和有关待遇。探索符合条件的返乡就业创业人员在原籍地或就业创业地落户政策，培养留得住、扎下根的乡村人才队伍。加强乡村学校教师周转宿舍建设，将符合条件的乡村教师纳入当地住房保障范围。落实城乡统一的中小学教职工编制标准，结合实际向乡村基层倾斜。长期在乡村学校任教的教师，高级岗位实行总量控制、比例单列，可不受所在学校岗位结构比例限制。将乡镇卫生院人才统一纳入县级住房保障范围，对符合条件的予以优先保障。鼓励乡村医生选择较高档次的企业职工养老保险缴费基数，推动乡村医生参加医疗责任险、工伤保险等。鼓励有条件的地方为参加企业职工基本养老保险的乡村人才建立企业年金。组织优秀乡土人才参加健康体检、休假疗养等活动。参与"三支一扶""定向委培""新农菁英""志愿服务"等到乡村任职和服务的大学生，可纳入租房补贴对象范围。

5. 加大创新创业扶持力度　开辟乡村创业创新政策咨询、注册登记、税费减免、金融服务"绿色通道"，按规定落实富民创业担保贷款、税收优惠、创业补贴等政策。深入实施全民创业行动计划。建立有利于农民灵活就业和适应新就业形态特点的用工和社会保障制度。对符合条件的大学生和返乡农民工首次创业且正常经营 6 个月以上的，按规定给予一次性创业补贴。乡村人才领办创办农民合作社、家庭农场、农业企业、乡村民宿、农家乐、主题创意农园等经营实体，按规定享受税收政策优惠以及农业补贴政策。鼓励银行业金融机构对乡村人才给予量身定制的低息信用贷款。优先推介推荐乡村人才创业创新项目给金融机构，鼓励政府性融资担保机构在同等条件下降低服务费率、提高服务质效。在符合国土空间规划的前提下，通过已经依法登记的集体经营性建设用地入市、农村集体经济组织以集体建设用地使用权入股联营、城乡建设用地增减挂钩等方式，支持各类乡村人才发展新产业新业态。优先保障返乡入乡人员农村一二三产业融合发展用地需求。

6. 加大人才激励奖励　健全农业农村科研立项、成果评价、成果转化机制，完善科技人员兼职兼薪、分享股权期权、领办创办企业、成果权益分配等激励办法。完善公益性和经营性农技推广融合发展机制，允许提供增值服务并合理取酬。建立科研人员入乡兼职和离岗创业制度。对县乡事业单位专业性强的岗位聘用的高层次人才，可按国家和省级有关规定，采取协议工资、项目工资、年薪制等灵活多样的分配方式，合理确定薪酬待遇。积极推荐政治素质好、有突出贡献的乡村人才为各级劳模、"五一劳动奖章"评比对象等。省农业技术推广奖等的奖项评选，享受政府特殊津贴人员、有突出贡献的中青年专家、优秀科技工作者、青年科学家等人选的推荐选拔，向乡村基层一线专业技术人才、乡土人才和积极参加服务乡村振兴工作的专家人才倾斜。鼓励按规定开展乡村人才评选表彰。

（四）强化组织保障

1. 健全工作机制 坚持党管人才原则，完善人才工作体系，建立党委统一领导、组织部门指导、农村工作部门统筹协调、相关部门分工负责的乡村人才振兴联席会议制度。把乡村人才振兴纳入人才工作目标责任制考核和乡村振兴实绩考核。制定乡村人才振兴专项规划。

2. 探索组建乡村振兴学院 鼓励有条件的院校设立乡村振兴学院，增设相应院系与专业，创新培养培训渠道与方式，打造人才短期培训轮训和长期培育培养阵地，实现产业链上培养人才、生产实践中提升人才，在乡村管理、乡村产业发展、乡村建设、乡风文明等人才培训方面发挥重要作用。

3. 大力发展乡村人才服务业 鼓励与农村产业发展相关的人才服务中介机构发展，为乡村人才提供中介、信息等服务。支持乡村人才适应数字化、网络化、智能化发展趋势和农业农村生产生活需求，发展农业农村资源开发的生产性服务业和其他相关的服务业，促进田间管理、代购代销、数据分析、仓储物流、租赁服务等加快发展。

4. 优化发展环境 建好农村基础设施和公共服务设施，改善发展条件，吸引人才留在农村。深入推进"万企联万村共走振兴路"行动，吸引城市人才携带资金、项目、技术等投身乡村振兴。依法依规划分农村经营管理、行政执法、社会工作、科技服务等乡村基层经营管理与服务的行政职责和事业职责，建立健全职责目录和清单，推动农业从业人员职业化。做好乡村人才分类统计，建立信息库和需求清单，健全乡村人才省市县乡村五级管理与服务网络。

5. 加强宣传引导 加强典型选树，深化"寻找老支书精神"活动，开展"最美基层农技员""最美水利人""村村都有好青年""优秀基层医生""新农菁英"等寻访活动。广泛宣传优秀乡村人才先进事迹，及时总结好经验、推广好做法。

各地各部门要把乡村人力资本开发放在重要位置，实行更加积极、开放、有效的人才政策，全面培养与分类施策相结合，广招英才与高效用才相结合，突出当前与注重长远相结合，政策激励与建立培养机制相结合，持续提升乡村人才质量，健全长效机制，促进各类人才"上山下乡"投身乡村振兴，壮大乡村人才队伍，为全面加快乡村振兴、率先实现农业农村现代化提供有力人才支撑。

曹丹丘，丁志超，高鸣．乡村人才振兴的现实困境与路径探索：以青岛市为例［J］．农业现代化研究，2020，41（2）：181-189.

曹中秋．打造人才引擎助力乡村振兴［J］．人民论坛，2019（23）：70-71.

陈德仙，白雪冰，胡浩．家庭农场的现实状况与培育路径研究：基于浙江省142个家庭农场的调查［J］．农业经济与管理，2021（1）：38-45.

陈殿美，刘吉双．日本农民参加社会养老保险机制及其对我国的启示［J］．学术交流，2013（4）：130-132.

陈芮．乡村人才振兴的现实困境及解决路径［J］．当代农村财经，2023（3）：51-54.

陈祥升．美国农民培训经验对我国乡村振兴人才培育的启示［J］．中国成人教育，2023（8）：58-61.

崔桂莲，田杨，武玉青．治愈农业，归农归村与乡土饮食：韩国乡村振兴路径及启示［J］．世界农业，2020（11）：81-90.

崔坤．大力培养农业农村人才助力北京乡村振兴战略［J］．北京农业职业学院学报，2018（4）：5-10.

邓小平文选（第2卷）［M］．北京：人民出版社，1994.

方中华．乡村振兴如何破解人才瓶颈［J］．人民论坛，2019（9）：57.

高春华．用好"三种人才"开创乡村振兴新局面［J］．人民论坛，2019（28）：76-77.

高琦．激发人才活力推进乡村振兴［J］．人民论坛，2018（14）：56-57.

关振国．破除乡村振兴中人才发展的"紧箍咒"［J］．人民论坛，2019（16）：66-67.

郭超妮，李艳．人才振兴贯穿于乡村振兴的全过程［J］．中国农业资源与区划，2022，43（9）：33，89.

郭晓鸣，曾旭晖，骆希，等．乡村振兴战略下小农户与现代农业有机衔接的"彭山模式"探究［J］．商学研究，2021，28（4）：17-25.

韩玉洁，徐旭初．农民合作社带头人的胜任特质与队伍建设探析［J］．中国农民合作社，2019（2）：51-52.

何阳，汤志伟．新中国70年农村基层干部选任变迁及启示：兼论乡村振兴人才战略［J］．理论视野，2019（11）：23-29.

胡锦涛文选（第2卷）［M］．北京：人民出版社，2016.

胡鑫．乡村振兴战略人才支撑体系建设研究［D］．长春：吉林大学，2021.

胡钰，赵平广．文化、人才、资本：乡村振兴的基本要素研究［J］．行政管理改革，2022（11）：34-43.

黄宗智．明清以来的乡村社会经济变迁：历史，理论与现实（卷二）［M］．北京：法律出版社，2014.

江泽民文选（第 1 卷）［M］．北京：人民出版社，2006.

李博．乡村振兴中的人才振兴及其推进路径：基于不同人才与乡村振兴之间的内在逻辑［J］．云南社会科学，2020（4）：137-143.

李方红．美国农业教育体系概况［J］．中国职业技术教育，2015（10）：66-69.

李国祥，杨正周．美国培养新型职业农民政策及启示［J］．农业经济问题，2013，34（5）：93-97，112.

李海金，焦方杨．乡村人才振兴：人力资本，城乡融合与农民主体性的三维分析［J］．南京农业大学学报（社会科学版），2021，21（6）：119-127.

李红，成玉峰．战后日本农民职业教育：叙说，经验及启示［J］．内蒙古教育（职教版），2013（5）：7-10.

李金龙，修长柏．美国 4H 教育对中国新型职业农民培养的启示［J］．世界农业，2016（12）：243-247.

李凌，何君．法律与政策保障视角下的职业农民教育培训国际比较研究［J］．世界农业，2014（1）：152-156.

李逸波，张亮，赵邦宏，等．中日比较视角下的日本职业农民培育体系研究与借鉴［J］．世界农业，2016（5）：186-193.

李毅，龚丁．日本和韩国农民职业教育对中国新型职业农民培育的启示［J］．世界农业，2016（10）：59-64.

李迎生，韩文瑞，黄建忠．中国社会工作教育的发展［J］．社会科学，2011（5）：82-90.

李卓，张森，李轶星，等．"乐业"与"安居"：乡村人才振兴的动力机制研究：基于陕西省元村的个案分析［J］．中国农业大学学报（社会科学版），2021，38（6）：56-68.

廖彩荣，陈美球，姚树荣．资本下乡参与乡村振兴：驱动机理，关键路径与风险防控：基于成都福洪实践的个案分析［J］．农林经济管理学报，2020，19（3）：362-370.

林克松，袁德梽．人才振兴：职业教育"1，N"融合行动模式探索［J］．民族教育研究，2020，31（3）：16-20.

刘芙，高珍妮．乡村人才振兴的现实困境及对策：以高素质农民培育为视角［J］．农业经济，2022（7）：110-111.

刘亢，宁如．校企合作背景下农村电商人才创业能力培养研究［J］．商场现代化，2017（16）：38-39.

刘艳婷．农村实用人才教育培训探究：评《人才振兴：构建满足乡村振兴需要的人才体系》［J］．中国教育学刊，2020（11）：118.

路建彩，李潘坡，李萌．乡村振兴视域下乡村工匠的价值意蕴与分类培育路径［J］．教育与职业，2021（1）：90-95.

罗伯特·库克．经济学［M］．1950.

罗俊波．推动乡村振兴需补齐"人才短板"［J］．人民论坛，2018（30）：72-73.

罗英姿，顾剑秀，陈尔东．高等教育服务乡村人才振兴：理论框架，现实观照与政策路径

［J］．高等教育研究，2022，43（12）：53-66.

马克·布洛赫．法国农村史［M］．余中先，张朋浩，车耳，译．北京：商务印书馆，1991.

马克思，恩格斯．马克思恩格斯选集（第1卷）［M］．北京：人民出版社，2012：411.

毛泽东选集（第1卷）［M］．北京：人民出版社，1991.

孟德拉斯．农民的终结［M］．李培林，译．北京：社会科学文献出版社，2010.

明恩溥．中国的乡村生活［M］．陈午晴，唐军，译．北京：电子工业出版社，2012.

内山雅生．二十世纪华北农村社会经济研究［M］．李恩民，邢丽荃，译．北京：中国社会科学出版社，2001.

聂继红，吴春梅．乡村振兴战略背景下的农村基层党组织带头人队伍建设［J］．江淮论坛，2018（5）：39-43.

农业农村部科技教育司，中央农业广播电视学校联合调研组．加快建设农业强国 亟需加强农民教育培训工作：关于河北等八省（区）农民教育培训工作情况的调研［J］．农民科技培训，2024（2）：19-26.

帕蒂·汉森．并购指南：人员整合并购中的人员转移操作指南人员整合的十步路线图［M］．张弢，译．北京：中信出版社，2004.

彭超．高素质农民培育政策的演变，效果与完善思路［J］．理论探索，2021（1）：22-30.

平松守彦．一村一品运动［M］．王翊，译．石家庄：河北人民出版社，1985.

蒲实，孙文莹．实施乡村振兴战略背景下乡村人才建设政策研究［J］．中国行政管理，2018（11）：90-93.

齐素泓．农村人才困境及其出路探讨［J］．湖南农业大学学报（社会科学版），2008，9（6）：47-49.

钱俊．乡村振兴战略视野下农村电商的发展与人才培养研究［J］．农业经济，2018（11）：108-110.

邱磊．我国农村人才集聚的困境与突破："长兴模式"的经验与启发［J］．改革与战略，2017，33（9）：94-96，113.

宋颖．乡村振兴战略背景下农村法律人才队伍建设探究：以河北省为例［J］．领导科学论坛，2023（5）：39-44.

隋牧蓉，张志静，邓谨．"三农"认同：乡村人才振兴的思想保障：兼论增进青年"三农"认同的对策［J］．西北农林科技大学学报（社会科学版），2023，23（6）：50-58.

孙贺，马丽娟．乡村人才振兴下人力资本回流特征与政策优化［J］．经济纵横，2023（3）：112-119.

孙增兵．农村经营管理人才培养模式构建途径浅析［J］．南方农业，2020（27）：160-161.

唐文丽．乡村振兴背景下农村人才政策优化调整研究［J］．四川职业技术学院学报，2024（2）：86-92.

田代洋一．日本的形象与农业［M］．杨秀平，王国华，刘庆彬，译．北京：中国农业出版社，2010：99-109.

王爱玲，郑怀国，赵静娟，等．韩国归农归村与中国返乡入乡政策措施的比较及启示［J］．

世界农业，2021（2）：74-82，132.

王富忠 . 乡村振兴战略视域下乡村人才机制建设研究［J］. 农业经济，2020（8）：48-50.

王佳伟，吴芝花，乔金笛，等 . 乡村振兴人才培养的留农效果研究：以"一村一名大学生"人才培养工程为例［J］. 农业现代化研究，2022，43（2）：181-191.

王金敖 . 乡村振兴视域下乡村人才的引、育、留、用机制建设研究［J］. 农村经济与科技，2022（23）：196-199.

王曼乐，胡胜德，金钟燮 . 韩国归农归村实践及对中国的启示［J］. 世界农业，2017（10）：54-58，79.

王文强 . 以体制机制创新推进乡村人才振兴的几点思考［J］. 农村经济，2019（10）：22-29.

卫小将，黄雨晴 . 乡村振兴背景下农村社会工作人才队伍建设研究［J］. 中共中央党校（国家行政学院）学报，2022，26（1）：104-112.

魏竞超 . "一村一法律顾问"制度下法治乡村建设新路径探索［J］. 农业经济，2021（8）：32-33.

魏勤芳 . 美国农业科技体系及运行机制［J］. 中国农业大学学报，2005（2）：15-18.

魏晓锋，张敏珠，顾月琴 . 德国"双元制"职业教育模式的特点及启示［J］. 国家教育行政学院学报，2010（1）：92-95，83.

文茂群 . 做好乡村振兴人才需求侧锻造［J］. 人民论坛，2019（33）：60-61.

西奥多·舒尔茨 . 对人进行投资：人口质量经济学［M］. 北京：首都经济贸易大学出版社，2002.

习近平谈治国理政第一卷［M］. 北京：外文出版社，2018.

夏雯雯，杜志雄，郜亮亮 . 家庭农场经营者应用绿色生产技术的影响因素研究：基于三省452个家庭农场的调研数据［J］. 经济纵横，2019（6）：101-108.

徐姗姗 . 乡村振兴发展中的人力资源制约因素及路径研究［J］. 农业经济，2020（7）：66-68.

于兴业，张迪 . 数字劳动视域下高素质农民培育的价值外延与发展路向［J］. 农业经济与管理，2023（6）：96-106.

余侃华，魏伟，杨俊涛，等，基于乡村振兴的人才机制反思与模式建构：以韩国"归农归村"计划为镜鉴［J］. 国际城市规划，2023，38（2）：24-30，47.

张静宜，陈洁 . 强化乡村人才支撑有效供给实现脱贫攻坚乡村振兴有效衔接［J］. 宏观经济管理，2021（8）：54-60.

张立，王波 . 韩国新村运动及其对我国实施乡村振兴战略的启示［J］. 韩国研究论丛，2021（1）：179-191.

张小娇 . 乡镇涉农企业人才管理机制研究［D］. 西南科技大学，2021.

张新勤 . 新一代乡村人才振兴的现实困境及破解对策［J］. 农业经济，2021（10）：98-99.

张阳丽，王国敏，刘碧 . 我国实施乡村振兴战略的理论阐释，矛盾剖析及突破路径［J］. 天津师范大学学报（社会科学版），2020（3）：52-61.

赵秀玲 . 乡村振兴下的人才发展战略构想［J］. 江汉论坛，2018（4）：10-14.

郑直，孔令海. 乡村人才振兴与乡村经济高质量发展：基于高校毕业生返乡就业分析［J］.
经济问题，2024（2）：91-97.

钟楚原，李华胤. 青年人才何以助力乡村振兴：基于"嵌入性—公共性"框架的分析［J］.
南京农业大学学报（社会科学版），2023，23（1）：50-60.

周晓光. 实施乡村振兴战略的人才瓶颈及对策建议［J］. 世界农业，2019（4）：32-37.

周旭海. 东亚小农生产格局下耕地撂荒问题演进及治理：基于中日韩三国的分析［J］. 中
国国土资源经济，2024（2）：1-14.

CANO J，BANKSTON J. Factors which influence participation and nonparticipation of ethnic
minority youth in Ohio 4-H programs［J］. Journal of Agricultural Education，1992，33
（1）：23-29.

DEISSINGER T，HEINE R，OTT M. The dominance of apprenticeships in the German VET
system and its implications for Europeanisation：a comparative view in the context of the
EQF and the European LLL strategy［J］. Journal of Vocational Education&Training，
2011，63（3）：397-416.

HASHIGUCHI，T. Japan's agricultural policies after world war ii：agricultural land use
policies and problems［J］. Springer Japan，2014.

RAYMOND MILES，CHARLES SNOW，ALAN D，et al. Organization Strategy，
Structure，and Process［M］. New York：The Academy of Management Review，1978，
3（3）：546-562.

附录：习近平总书记关于乡村人才振兴的重要论述（选摘）

"要推动乡村人才振兴，把人力资本开发放在首要位置，强化乡村振兴人才支撑，加快培育新型农业经营主体，让愿意留在乡村、建设家乡的人留得安心，让愿意上山下乡、回报乡村的人更有信心，激励各类人才在农村广阔天地大施所能、大展才华、大显身手，打造一支强大的乡村振兴人才队伍，在乡村形成人才、土地、资金、产业汇聚的良性循环"。

——2018 年习近平总书记在参加十三届全国人大一次会议山东代表团审议时指出。

"人才振兴是乡村振兴的基础，要创新乡村人才工作体制机制，充分激发乡村现有人才活力，把更多城市人才引向乡村创新创业"。

——2018 年习近平总书记主持十九届中共中央政治局第八次集体学习时指出。

"乡村振兴，关键在人、关键在干"。

——2020 年习近平总书记在中央农村工作会议上强调。

"通过多方面努力，着力打造一支沉得下、留得住、能管用的乡村人才队伍，强化全面推进乡村振兴、加快建设农业强国的智力支持和人才支撑。"

——2022 年年底习近平总书记在中央农村工作会议上强调。

"我们现在推进乡村振兴，需要大量的人才和优质劳动力。我们的年轻人、知识分子，也要双向流动"。

——2023 年全国两会期间习近平总书记在江苏代表团审议现场指出。

图书在版编目（CIP）数据

乡村人才振兴理论与实践研究 / 郭君平，曲颂著.

北京：中国农业出版社，2025. 8. -- ISBN 978-7-109
-33659-9

Ⅰ. F320.3

中国国家版本馆 CIP 数据核字第 2025ZF6052 号

中国农业出版社出版

地址：北京市朝阳区麦子店街 18 号楼

邮编：100125

责任编辑：李　辉　张丽四

版式设计：王　晨　责任校对：吴丽婷

印刷：中农印务有限公司

版次：2025 年 8 月第 1 版

印次：2025 年 8 月北京第 1 次印刷

发行：新华书店北京发行所

开本：700mm×1000mm　1/16

印张：7.5

字数：142 千字

定价：58.00 元